1579462

Cynnwys

Cywydd o fawl i bob 'Anti'

Annes Glynn

I blant, does neb fel 'Anti',
awel iach o hwyl yw hi.
A'i dawn? Dychymyg di-ail
a chysur lond ei chesail.
Un anhygoel am sboelio,
tir hud ei straeon 'Un tro . . .'
yn ein dal, yn cydio'n dynn
a'n rhwydo am hir wedyn.

A ni'n hŷn, 'te pnawn' yw hi
a'r un, pan fo rhieni'n
dân ar groen, sy'n dyner, gref,
yn edrych tuag adref
a'n dwyn i gôl aduniad
am mai 'doeth' yw Mam a Dad.
Wrth rannu'i stôr cynghorion,
geiriau mwyn yw awgrym hon.

O adael nyth, dal wna hi'n
driw hynod a rhoi inni
anogaeth ym mhob neges,
cysur mewn llythyr, a'n lles
yn bleser ymarferol,

dwylo hael yn help di-lol.
I'r to iau, reiat ei hwyl
sy'n ennyn synau annwyl;
babanod, ein dyfodol,
yn wên iach iawn yn ei chôl.

Yna egwyl, 'diogi',
a phleser ei 'hamser hi'.
Hwb i awen, hobïau
a swyn hud y ffasiwn iau:
'Gwisgaf biws! Pa iws yw het
â'i du mor llwm â deiet?'
Er ei hoed, mae'r direidi'n
wanwyn o hyd, fel hen win.

Gwledd yw modrybedd; daw'r rhain
i'n cof yn brydau cyfain,
a'n braint yw pob rhyw 'Anti'
ddaw'n haul i'n teuluoedd ni.

Anti Ceti

Tudur Owen

Mewn drôr yn y tŷ mae gen i hen geiniog. Mi ddo i ar ei
thraws weithiau, fel arfer wrth edrych am rywbeth arall
– selotêp, plastar neu feiro (mae 'na doman enfawr o
feiros colledig yn rhywle). A phan ddo i o hyd iddi ar
ddamwain, mae'r hen geiniog yn gwneud i mi oedi.
Wrth ei throi rhwng fy mysedd, dwi'n gweld y Frenhines
Fictoria a golwg reit flin arni ar y naill ochor, ac yna'r
rhyfelwraig Buddug ar y llall; does 'na'm golwg rhy
hapus ar honno chwaith.

Ond o dan Buddug mae 'na flwyddyn, ac wrth edrych ar y rhifau hynny mae 'na wyneb arall llawer iawn mwy cyfarwydd yn dod i'm meddwl i. Dwy lygad fawr frown wedi'u chwyddo gan wydrau sbectol, a rhes o ddannedd gosod taclus wedi'u fframio gan wên gynnes. Y dyddiad yw 1889, sef y flwyddyn y ganwyd y drydedd ddynas mae'r geiniog yn f'atgoffa ohoni – Mrs Catherine Thomas, neu, fel roeddwn i'n ei galw (a phob un dreifar bỳs yn yr hen sir Gaernarfon, hyd y gwelwn i), Anti Ceti.

Dwi'm yn amau nad oedd Anti Ceti'n rhannu sawl rhinwedd â'r ddwy sydd ar y geiniog. Yn sicr, mi fyddwn i wedi bod yn fwy na bodlon ei dilyn i unrhyw frwydr. A deud y gwir, dwi wedi sefyll y tu ôl iddi mewn ambell un. Ond wrth droi o un frenhines at y llall, Anti Ceti sy'n mynnu'r sylw i gyd achos dwi'n clywed ei llais, yn ei glywed fel tasa hi'n sefyll wrth f'ochor y munud 'ma. Mae gwynebau weithiau'n medru cael eu cuddio gan niwl y cof ond mae llais cyfarwydd yn treiddio trwy bob niwl, ac yn medru'n hwylio ni 'nôl i'r gorffennol o fewn troelliad hen geiniog.

Pan oeddwn i'n ddeuddeg oed mi wnes i ddarganfyddiad arwyddocaol iawn, un oedd yn arwydd clir bod fy mhlentyndod wedi dod i ben a bod fy mywyd wedi newid am byth. Sylwi wnes i mod i wedi tyfu i fod yn dalach nag Anti Ceti. Doedd hynny fawr o gamp, gan mai dim ond pedair troedfedd ac wyth modfedd oedd hi, ond mi wnaeth y darganfyddiad yma gryn argraff arna i. Am y tro cynta rioed roeddwn i'n dalach na rhywun oedd yn hŷn na fi. Mi oedd o'n deimlad od, yn enwedig gan mai Anti Ceti oedd y person hynaf yn ein teulu ni. A deud y gwir, Anti Ceti oedd y ddynas hynaf roeddwn i rioed wedi'i chyfarfod – roedd hi'n trympio hen berthnasau fy ffrindia i'n rhwydd. Mewn gêm o Top Trymps hen berthnasau, mi fasa cerdyn Anti Ceti wedi bod yn un anodd iawn i'w guro:

Oed: 90+.
Caredigrwydd: diddiwedd.
Pŵerau arbennig: dwylo wedi'u gwneud o asbestos.

Mi es i yn fy mlaen i fod yn dalach na'r rhan fwyaf o nheulu – Mam, Dad, fy chwaer fawr – ac er bod hyn wedi bod yn destun sawl ffrae ac o leiaf un ffeit, mi ydw i chwarter modfedd yn dalach na fy mrawd mawr hefyd. Ond roedd sylweddoli mod i'n dalach nag Anti Ceti (fel y foment y dechreuith fy mab innau edrych i lawr arna i, mae'n debyg) yn ddigwyddiad cofiadwy iawn. Diwedd cyfnod, ac er na wyddwn i mo hynny ar y pryd, diwedd y berthynas arbennig oedd gen i efo Anti Ceti. Achos, dach chi'n gweld, roedd Anti Ceti'n hoff iawn o blant, a phlant yn hoff iawn o Anti Ceti. Ac, am gyfnod hudolus a nefolaidd pan oeddwn i'n fachgen bach, fi oedd ei hoff blentyn yn y byd i gyd.

Ganwyd Anti Ceti yn Catherine Owen, trydydd plentyn Thomas Rees Owen ac Elin Parry. Magwyd hi gyda'i thri brawd a'i dwy chwaer mewn tyddyn bach o'r enw Ty'n Gerddi, dafliad carreg oddi wrth hen gartre'r teulu, sef Prys Dyrys. Mae'r hen gartref i'w weld hyd heddiw ar gyrion pentref bach y Waun, sydd ei hun ar gyrion pentref bach Penisa'r-waun, ac o be wela i wrth edrych ar hen luniau, does fawr wedi newid yn Prys Dyrys ers i Ceti bach ddod i'r byd. Er ei bod hi'n ymddangos mai

Saeson sy'n berchen ar yr hen aelwyd bellach, mae 'na le i ddiolch nad ydyn nhw wedi ychwanegu consyrfatri a'i alw'n 'Dunroamin'. Wel, ddim eto beth bynnag.

Roedd yr Owensiaid yn deulu o Anghydffurfwyr pybyr. Mae 'na hanes fod Thomas Rees Owen, fy hen daid a thad Anti Ceti, wedi cael y cyfle i fod yn athro tra oedd o'n ddisgybl ysgol. Dyna oedd y drefn cyn 1902 – disgyblion galluog yn cael eu dewis a'u hyfforddi i fod yn athrawon tra oeddan nhw yn yr ysgol. Ond wedi gadael yr ysgol, safodd Thomas ddim o flaen unrhyw ddosbarth o ddisgyblion; yn hytrach, mi dreuliodd ei oes yn y chwarel – penderfyniad yr oedd ei deulu'n ei gefnogi'n llwyr, mae'n debyg. Mae'n anodd i ni heddiw ddeall penderfyniad o'r fath ond mi fyddai'r weithred o fynd yn athro wedi golygu troi ei gefn ar y capel ac ymuno â threfn yr eglwys sefydliedig, gweithred fyddai'n sicr o fod wedi creu drwgdeimlad enbyd o fewn y teulu ac yn y gymuned glòs o'u cwmpas. Mae'n rhaid cofio bod hwn yn gyfnod pan oedd dynion, er mwyn ceisio gwella amgylchiadau eu teuluoedd, yn cael eu gorfodi i gydymffurfio er mwyn medru rhentu ffarm neu fynd am swydd fel fforman. Roedd perchnogion y chwareli yn meddiannu cymaint mwy na'r llechi, mewn gwirionedd, a'u pŵer a'u dylanwad yn ymestyn i bob rhan o fywyd. Er enghraifft, roedd dynion yn colli'u gwaith os oeddan nhw'n cefnogi'r blaid Ryddfrydol gan fod eu meistri, fel Assheton Smith (chwarel Dinorwig) a'r Arglwydd Penrhyn (chwarel y Penrhyn, Bethesda), yn Dorïaid brwd.

Wrth gwrs, roedd y fagwraeth yma wedi dylanwadu'n fawr ar Anti Ceti, ac mi oedd ei thueddiadau gwleidyddol yn gymhleth, a deud y lleiaf. Dwi'n cofio'i gweld yn cael ei chorddi wrth wylio Margaret Thatcher yn siarad ar y teledu'r tu allan i Rif 10 Stryd Downing. Ei dwylo cryf yn gwasgu breichiau'r gadair wrth iddi boeri ei chasineb tuag at y brifweinidog benfelen – 'Hen sguthan o ddynas ydi hon . . . mae hon yn ddynas ddrwg ofnadwy.' Ac wedyn, funudau ar ôl i'r Newyddion orffen a'r BBC yn cau i lawr am y noson, byddai'n sefyll fel soldiwr wrth glywed 'God Save the Queen'.

Roedd anghyfiawnder o unrhyw fath yn siŵr o danio Anti Ceti, a sawl tro dwi'n cofio gweld ei llygaid mawr brown yn chwyddo'n fwy y tu ôl i wydr ei sbectol wrth iddi ddechra traethu. O dranc y glowyr a'u teuluoedd o dan orthrwm llywodraeth Thatcher i'r ffaith fod gwinadd y ferch oedd yn torri caws yn siop coparét Deiniolen yn gywilyddus o fudur, roedd Anti Ceti am i bawb wybod beth roedd hi'n ei feddwl. Yn achos y ferch druan yn y Coparét, mi adawodd i bawb yn y siop wybod bod 'na ddigon o faw dan ei gwinadd i dyfu tatws! Dwi'n cofio'n iawn gafael yn dynn yng nghefn ei chôt wrth iddi ddwrdio.

'Na fo eto! Dwi'n clywed ei llais hi rŵan hyn, a dwi'n ôl yn Deiniolen. Yn cerdded law yn llaw efo hi ac yn rhedeg fy mysedd rhydd ar hyd llechi llyfn ei chymdogion. Mae mwg tanau glo yn llifo'n ddistaw allan o simne pob aelwyd, a blas y mwg fel ceiniog ar fy nhafod. 'Dan ni'n dringo'n llechi llyfn ni rŵan, ac yn cyrraedd drws y tŷ lleiaf i mi fod ynddo rioed, Rhif 4 Faenol Terrace. O mlaen mae'r grisia, ac i'r chwith mae'r parlwr ffrynt yn llawn o drugareddau nad ydw i'm i fod i gyffwrdd. Mi eisteddwn ni yn hon yn nes ymlaen i wylio storm eira ddu a gwyn ar y teledu bach yn y gornel, neu i gael bath o flaen y tân mewn dŵr sebon sy'n edrych fel llefrith. Ond trwodd i'r stafell gefn 'dan ni'n mynd gynta, lle mae 'na debot hud sydd byth yn rhedeg allan o de. Dydi rheolau'r parlwr ffrynt ddim yn bodoli yn fama, a dwi'n cael bwyta brechdanau jam ac yfed te o soser wrth geisio dyfeisio ffyrdd gwahanol o neud i Anti Ceti chwerthin. Dyna hi eto, yn chwerthin yn uchel wrth i mi ddynwared, canu neu adrodd rhywbeth dwi 'di glywed, ond heb ddallt yn iawn pam ei fod o mor ddoniol. Ond dio'm ots, achos mae'n gwneud y job a dwi'n ei chlywed yn chwerthin ac yn curo'i dwylo wrth i mi fynd drwy mhethe. Hon yw'r stafell ora yn y byd i gyd.

Roedd trugareddau'r parlwr ffrynt yn awgrymu bod 'na fyd arall roedd Anti Ceti yn ei adnabod, y tu hwnt i'r pileri llechi oedd yn derfyn i'r ardd gefn, y tu hwnt i Gapel Cefn Waun ar gyrion y pentref, a'r tu hwnt hyd yn oed i'r ffordd oedd yn troelli allan o'r pentref, i fyny am Dinorwig a thros y mynydd at weddill y byd.

Dyna'r ffordd y gwnaeth Anti Ceti ei dilyn yn eneth ifanc, fel miloedd o ferchaid eraill o'r un cyfnod ac o'r un cefndir cymdeithasol. Ar hyd y ffyrdd troellog, allan o'u pentrefi ac i'r dinasoedd mawr: Lerpwl, Manceinion a Llundain. I brifddinas fawr Lloegr yr aeth Anti Ceti i weithio am flynyddoedd. Mi fydda i wastad yn dychmygu *Upstairs, Downstairs* pan fydda i'n meddwl am y cyfnod yma, ond rywsut fedra i ddim gweld Anti Ceti yn ffitio i mewn i'r ddelwedd yma o forynion bach ufudd yn rhuthro o gwmpas y tai crand 'ma fel llygod bach prysur.

Does gen i fawr o syniad am y llefydd fuodd Anti Ceti'n gweithio ynddyn nhw i gyd, ond mi wn i am un teulu penodol y bu Anti Ceti yn rhan ohono am flynyddoedd lawer. Mi fuo'n gweithio fel *housekeeper* yn ardal St John's Wood yn Llundain i neb llai na Thomas (Tom) Jones. Naci, nid yr un sydd i'w glywed yn cwyno am antics Delilah cyn pob gêm rygbi ond yn hytrach Cymro arall sydd ddim cweit mor enwog, falle, ond dyn a gafodd dipyn mwy o ddylanwad ar y byd na'r canwr o Bontypridd.

Roedd Dr Thomas Jones yn ddyn hynod, a deud y lleiaf. Mae ei alw'n was sifil yn gwneud anghymwynas mawr â'r gŵr, achos fe'i disgrifiwyd unwaith fel un o'r chwe dyn pwysica yn Ewrop, a dro arall fel 'the King of Wales' ac 'a man of a thousand secrets'. Yn wleidydd, yn awdur ac addysgwr, roedd o'n llawer mwy na gwas sifil.

Ym mlynyddoedd cynnar, cythryblus yr ugeinfed ganrif, Dr Thomas Jones (neu 'TJ' fel roedd yn cael ei nabod) oedd dirprwy ysgrifennydd y Cabinet – swydd oedd yn golygu ei fod wedi gwasanaethu a chynghori nifer o brifweinidogion y cyfnod, yn cynnwys Ramsay MacDonald, Stanley Baldwin a'i gyd-Gymro, David Lloyd George. Roedd TJ yn rhan allweddol o rai o ddigwyddiadau hanesyddol mwya'r ganrif, fel y trafodaethau heddwch yn Iwerddon a'r anghydfod diwydiannol yn dilyn y Rhyfel Byd Cyntaf, ac mae'n debyg iddo ymuno â David Lloyd George ar y daith enwog honno i ymweld ag Adolf Hitler (hen dro nad aeth Anti Ceti efo nhw; ella basa hynny wedi arbed lot o drafferth i bawb).

Felly, yng nghartref y dyn arbennig yma y treuliodd Anti Ceti y rhan fwyaf o'i gyrfa yn Llundain. Er bod ganddi barch mawr tuag ato, doedd yr hyn roedd o wedi'i gyflawni yn y byd gwleidyddol yn golygu dim iddi o'i gymharu â'r hyn oedd ganddo adra yn St John's Wood – sef ei blant.

Roedd gan Dr Thomas Jones a'i wraig, Theodora, dri phlentyn – Tristan, ddaeth yn gyfarwyddwr papur newydd yr *Observer*; Eirene (White, wedyn, fu'n AS Llafur Dwyrain Fflint am ugain mlynedd), a'r mab fenga, Elfin Lloyd. Er bod Anti Ceti'n sôn llawer am ei chyfnod yn Llundain, mae'n rhaid i mi gyfadda ei fod o'n brofiad reit rwystredig gwrando arni. Ella mai achos nad oedd hi byth yn sôn am y cyffro o fyw yn y brifddinas – dim straeon am helyntion enwogion y cyfnod, a'r math o fywyd roeddwn i'n mwynhau ei dychmygu hi'n ei fyw – neu ella achos mod i'n profi tipyn o genfigen wrth wrando arni'n siarad. Dach chi'n gweld, yr unig straeon roedd Anti Ceti yn awyddus i'w hadrodd oedd y rheiny am y plant, neu'n hytrach am ei ffefryn, y bachgen bach Elfin Lloyd.

Mi fedra i ei chlywed hi'n siarad unwaith eto rŵan: 'O, mi oedd o'n hogyn bach annwyl . . . a chlyfar . . . ond direidus, cofia di.' Doedd hi'n cael dim trafferth teithio 'nôl mewn amser i ymweld â'r teulu bach oedd yn rhan mor bwysig o'i gorffennol, ond mi fyddai 'na bwynt ym mhob stori am Elfin a'i deulu lle byddai Anti Ceti'n tawelu, ei dwylo'n cydio yn ymyl ei sgert neu mewn hances, a'r wên yn cilio o'i llygaid. 'O, ngwas bach i . . .' fyddai hi'n ei ddeud mewn tôn gwbwl wahanol. 'Doedd ganddo fo ddim gobaith.' Er na fyddai'n mynd i fawr o fanylder, mi adroddodd yr hanes wrtha i sawl gwaith. Yn 1928, a'r hogyn bach yn ddim ond deuddeg oed, mi laddwyd o pan gafodd ei daro gan gerbyd. Fel y gallwch ddychmygu, gadawodd hyn graith ar y teulu bach am byth ac mi effeithiodd y digwyddiad hefyd ar Anti Ceti am weddill ei hoes. Fyddai ei straeon am St John's Wood byth yn mynd ddim pellach na'r adeg pan ddaru Dr Thomas Jones ddod adra efo'r newyddion bod ei fachgen bach wedi marw. Ar y pwynt yna mi fyddai Anti Ceti'n codi ar ei thraed ac yn mynd trwodd i'r gegin i nôl y tebot hud. Welis i rioed moni'n crio.

Ella, wir, fod y ffordd roedd hi'n ymateb i'r digwyddiad yn esbonio rhinweddau gwarchodol Anti Ceti. Wrth gwrs, mae pob mam, nain neu fodryb yn warchodol iawn o unrhyw blentyn sydd dan eu gofal, ond roedd cael Anti Ceti'n gofalu amdanoch fel cael eich gwarchod gan Buddug ei hun.

Dwi'n cofio un achlysur pan aeth Mam, Anti Ceti, fi a fy nwy chwaer fach i'r pwll nofio yn Llangefni, a chan fod Mam angen mynd i neud tipyn o siopa, mi adawodd hi Anti Ceti i gadw llygaid arnon ni. Doedd hyn ddim wrth fodd Anti Ceti o gwbwl, yn enwedig o ystyried nad oedd hi rioed wedi bod mewn pwll nofio yn ei bywyd, a'i bod yn cael ei hatal rhag bod yn agos at ei chywion wrth ymyl y dŵr, ond yn hytrach yn gorfod bod mewn ardal wylio oedd yn llawer rhy bell oddi wrthan ni. Wna i byth anghofio edrych i fyny a'i gweld yn rhuthro'n ôl ac ymlaen ar hyd y galeri gwylio fel rhyw anifail gwyllt wedi ei chaethiwo. Roedd pob sblash ganddon ni a phob naid o ymyl y pwll yn ei chynhyrfu fwy a mwy nes, yn y diwedd, ar ôl i un ohonom ddiflannu o dan wyneb y dŵr am ormod o amser (yn ei thyb hi), mi sylweddolais fod Anti Ceti wedi diflannu o'r galeri. Er mawr syndod i ni, y nofwyr eraill a'r *lifeguard*, ymddangosodd reit wrth ymyl y dŵr.

Mae'r ddelwedd o'r ddynas bach yma mewn côt gaeaf, het 'fruit pastille' a handbag yn sefyll ar ochor pwll nofio Llangefni yn un sydd wastad yn gwneud i mi chwerthin. Ond doedd Anti Ceti ddim yn gweld doniolwch y sefyllfa o gwbwl, a phan ddaru'r leiffgard ofyn iddi adael, mi oeddwn i'n gwybod yn iawn beth oedd yn mynd i ddigwydd nesa. Mi gafodd o 'run driniaeth â merch y Coparét wrth i'r nofwyr wrando ar restr o'i fethiannau. Doedd o ddim yn gwneud ei waith yn iawn, doedd 'na'm posib iddo achub plentyn oedd yn boddi a fynta'n eistedd ar ben cadair uchel fel rhyw iâr yn clwydo – a pham nad oedd 'na'm arwydd i rybuddio bod pwll golchi traed ar y ffordd i mewn? Y peth olaf dwi'n ei gofio ar ôl iddi adael y leiffgard yn sefyll yno'n fflamgoch oedd ei sgidia swêd hi'n gwneud sŵn gwlyb ar y teils wrth iddi arwain ei chywion i ddiogelwch.

Bu farw Anti Ceti fisoedd yn unig cyn ei phen-blwydd yn gant oed, ac er i'w hatgofion gilio yn ystod y flwyddyn neu ddwy olaf, roedd y llygaid mawr brown yna'n llawn bywyd a chyffro tan y diwedd un. Aeth fy mam â hi'n ôl i Lundain yn ddiweddar yn ei bywyd, pan fynnodd Anti Ceti gael mynd i weld fy chwaer fawr oedd yn y coleg yno ar y pryd. Ac er i ni bryderu na fyddai'n cofio rhyw lawer am y brifddinas, o fewn eiliadau iddi adael Euston mewn tacsi du, roedd hi'n taeru efo'r gyrrwr ei fod o'n mynd â hi'r ffordd anghywir, a fynta'n ceisio esbonio bod 'na bellach drefn *one way* yno, a'i bod yn amhosib iddo ddilyn ei chyfarwyddiadau. Ond ar ôl cyrraedd pen y daith, a hithau wedi'i darbwyllo nad oedd y gyrrwr ddim yn trio'u twyllo, roedd hwnnw hefyd wedi profi'r wên gynnes. A faswn i ddim yn synnu, fel pob gyrrwr bỳs

Crosville a Purple Motors, nad oedd o hefyd wedi dod i'w nabod fel 'Anti Ceti'.

Felly, mae hi'n amsar i'r Frenhines Fictoria a Buddug fynd yn ôl i'r drôr, ac i minnau ddychwelyd i'r presennol. Ond dwi'n gwbod, unrhyw bryd y bydda i angen f'atgoffa fy hun o'r ddynes bach oedd yn byw yn 4 Faenol Terrace, y medra i fynd yn ôl yno a chlywed ei llais o fewn troelliad hen geiniog.

Bodo

Angharad Tomos

Fel y mae hi yn y llun y byddwn i wedi hoffi ei nabod. Cael cyfle hudol, rywfodd, i deithio 'nôl mewn amser a chael ei nabod hi'n wraig ifanc, gyda'i gwallt gwinau a'r ffrogiau Edwardaidd gwyn wedi'u haddurno â les. Cefais gyfle i wisgo'r ffrogiau; yn enethod bach yn y tŷ chwarae, hen ffrogiau cotwm Nain a'i chwaer oedd ein 'dillad gwisgo i fyny'. Ond eisiau bod yn ferch ifanc yr un oed â Grace a Gladys roeddwn i – eu nabod fel merched ac nid fel hen wragedd.

Er hynny, fe gefais y fraint o ddod i'w nabod yn reit dda, chwarae teg. Bu Grace, fy nain – mam fy mam – fyw tan 1977, a Gladys ei chwaer tan 1990. Bu farw fy nau daid ryw ugain mlynedd ynghynt ond byddai Grace a Gladys yn dod atom o bryd i'w gilydd – a phob Dolig, wrth gwrs. Wel, byddai Grace yn aros acw a Gladys yn dod ar ymweliadau undydd.

Grace oedd y gleniaf o dipyn, a dydw i ddim yn dweud hynny oherwydd ei bod yn nain i mi. O'r ddwy, roedd pawb yn dweud i Grace gael enw addas iawn i'w natur. Roedd rhywbeth boneddigaidd yn ei chylch, a'r cof sydd gen i ohoni yw'r modd y byddai'n agor drws ei thŷ, ac agor ei breichiau i gyfleu croeso. Rêl y nain draddodiadol, yn fechan ac yn dyner tu hwnt tuag atom.

Roedd ei chartref hi a Taid ym Methesda yn llawn cysuron oes a fu, ac ro'n i wrth fy modd yn cael mynd yno i aros. Nid felly dŷ Bodo, fel y gelwid Gladys.

Grace, fy nain, a Gladys ('Bodo')

Pam Bodo? Roedd mwy nag un Gladys (neu Gwladys) yn y teulu, felly mae'n bosib fod Gladys-chwaer-Gracie wedi cael ei galw'n Bodo i wahaniaethu rhyngddi a Gwladys Wynne, Pwllheli. Ond eto, pam 'Bodo'? Gair y de yw hwn am fodryb, a doedd dim cysylltiad o gwbl â'r de. Ym Mhwllheli a Phen Llŷn yr oedd y gwreiddiau. Ac nid fel 'bodo' yr Hwntws yr yngenid y gair o gwbl, ond yn ddeusill, a'r pwyslais ar y sill olaf – rhywbeth tebycach i 'by-dô'. Doeddwn i ddim yn gwybod am neb arall o'r un enw, ond dyna sut byddai pawb yn ei hadnabod.

Roedd pawb yn lecio Grace, fy nain – neu 'Gracie Bank' fel y'i gelwid, gan mai yn y banc y gweithiai ei thad, ac uwchben Banc y Midland ym Methesda yr oedd y teulu'n byw. Aeth hi (fel ei chwaer) yn ôl i fyw i Fethesda tua diwedd ei hoes, a phan fyddai rhywun o'r ardal yn gofyn hogan pwy o'n i, ro'n i'n falch o gael dweud mai 'wyres Gracie' o'n i.

Roedd ganddi gylch eang o ffrindiau, a byddai pobl yn aml yn ymweld â hi. Cyfarfu â'i gŵr, Richard Edmund, ym Mhrifysgol Bangor tua'r un adeg ag yr oedd Kate Roberts yno. Yn wir, Richard Edmund yw enw'r cariad yn *Tegwch y Bore*, ond does dim sail dros gredu bod cysylltiad o'r fath wedi bod rhwng y Richard Edmund go iawn a Kate.

Cafodd Nain a Taid bedwar o blant. Bu farw'r mab o'r diciâu yn 17 oed, ond magodd y tair merch deuluoedd mawr a hapus, a chafodd Grace fywyd diddorol a llawn.

'Ond beth am Gladys?' gofynnodd cyfaill i mi.

'Gladys? Wel . . . Gladys oedd Gladys. Does dim cymaint i'w ddweud amdani hi. Hen ferch . . . gofalu am ei thad . . . chafodd hi rioed swydd . . . na phlant. Naddo. Bu fyw yn Llandudno tra oedd ei thad yn fyw, ac yna . . . wel, bu'n byw mewn gwahanol lefydd . . . ond yn ôl i Fethesda y daeth hi. Roedd yn fusgrell iawn tua diwedd ei hoes . . . ond mi fuo hi fyw tan roedd hi'n 94.'

'Ond sut gymeriad oedd hi? Be oeddech chi'n ei galw hi?'

'Bodo.'

'Sut un oedd hi?'

'Pwy, Bodo? Wel . . . ia, dipyn o gymeriad oedd Bodo. Ddim hanner cyn neisied â'i chwaer – dyna fyddai pawb yn ei ddweud. Ond oedd, mi oedd hi'n berson unigryw.'

A dyna sut y byddai'r sgyrsiau'n mynd – tan i'm cyfaill fy synnu trwy ddweud, 'Nofel amdani fyddai'n ddiddorol.'

Nofel am Bodo?! Pam byddai unrhyw un yn sgwennu amdani hi? Nain, Richard Edmund, Yncl Wili (brawd Nain), falle, ond fyddai neb yn sgwennu am Bodo. Doedd 'na ddim byd wedi digwydd iddi a doedd hi ddim yn ddynas mor serchog â hynny . . .

Ond, o ganlyniad i anogaeth fy ffrind, dyma fynd ati i sgwennu *Si Hei Lwli*. Hynny am fy mod i mewn gwirionedd yn credu *bod* rhywbeth wedi digwydd ym mywyd pawb. Am nad oes neb wedi gwneud 'dim byd'. Am fy mod i eisiau gwybod pam fod Bodo fel yr oedd hi. Am fy mod i, petawn i'n berffaith onest, yn debyg iawn iddi.

Dim ond Pan Fyddai Raid – hynny yw, pan na fyddai neb arall ar gael – y bydden ni'n cael ein gwarchod ganddi. Doedd hi ddim yn hoff o blant, a wyddai hi ddim sut i'n diddanu pan fyddem yn ei thŷ. Hen dŷ digysur oedd o p'run bynnag, a fyddai'r un plentyn eisiau mynd yno o'i wirfodd. Felly, ar y pnawniau diddiwedd rheiny pan fyddem yn gorfod bod yn nhŷ Bodo, byddem yn diflasu cymaint fel nad oedd dim byd ar ôl i'w wneud ond ei phryfocio.

Un peth roedd gan Bodo ei wirioneddol ofn, a llygoden oedd honno. Fedrai hi ddim goddef llygod. Pam, felly, mai'r unig gêm oedd ganddi yn y tŷ oedd

'Mousie Mousie', wn i ddim. Mi fyddai'n ein gwylio'n ei chwarae ond, yn y diwedd, byddai'r demtasiwn yn mynd yn ormod i ni, a byddai un ohonom yn siŵr o fynd â'r llygoden blastig i fyny'i choesau, a byddai'n gas ganddi hynny.

Roedd gennym ofn y gegin, a byddai gorfod bwyta unrhyw beth yno'n hunllef. Mae'n siŵr bod y bwyd yn iawn, ond roedd ogla hen ar bob dim a doedden ni ddim yn lecio blas dim byd. Yr atgof cryfaf sydd gen i yw bod Amser yn mynd yn ddychrynllyd o araf. Y sgwrs ddim yn llifo – wel, ddim yn digwydd o gwbl – a rhyw awydd dychrynllyd isio-mynd-adra arnom ni. Ar derfyn bob ymweliad, byddai'r embaras o wrthod y pres. Os na allai ddangos ei theimladau yr un ffordd arall, gallai roi arian inni, ond byddem ni (wedi'n siarsio gan Mam) yn gwrthod ei dderbyn. Yna dôi'r ffars o Bodo'n ceisio gwthio'r arian i'n dwylo, a ninnau'n eu cau fel gelan. Whiw! Ymhen hir a hwyr dôi Mam i'n nôl, ac wedyn byddai'r embaras terfynol o orfod deud 'ta-ta' a rhoi sws i hen wreigen nad oedd gennym unrhyw awydd i'w chusanu.

Trodd Bodo ataf un tro pan oeddwn tua chwech oed a gofyn, fel roedd hi wirionaf,

'A phryd ydach chi'n dŵad yma eto?'

Edrychais arni, ac ateb gyda gonestrwydd plentyn,

'Pan fyddwch chi ddim yma.'

Dyna swm a sylwedd ein perthynas.

Goddef Bodo y byddem pan ddôi draw acw. Dod draw yn sgil Taid a Nain y byddai hi. Roedd wedi byw hanner ei bywyd yng nghysgod y ddau. Roedd Gracie'n agos at ei chwaer, ond doedd y berthynas yn naturiol ddim mor glòs rhwng Gladys a Taid. Ond, pan fyddai Taid a Nain yn symud tŷ, mwya sydyn byddai Gladys yn prynu tŷ yn yr un pentref – yn yr un stryd weithiau, a'r drws nesaf un tro! Fel mab i weinidog Wesla roedd Taid yn hoffi newid aelwyd bob rhyw bum mlynedd, felly doedd o'n ddim syndod eu bod nhw'n symud yn weddol aml. Anos oedd deall symudiadau Bodo. Ond ble bynnag yr âi ei chwaer i fyw, yno y byddai Bodo'n landio hefyd. Doedd dim modd dweud dim byd, rhag pechu, ac o leiaf doedden nhw ddim yn byw dan yr unto.

Dydw i ddim wedi cael clywed hanner y 'straeon', dybiwn i. Doeddwn i ddim wedi cael fy ngeni. Plant, wrth gwrs, ydi'r rhai olaf i gael gwybod. Dwi'm yn meddwl fod dim byd mawr wedi digwydd – byddai hynny wedi gweu ei hun i chwedloniaeth y teulu – ond mae plant yn gallu synhwyro perthynas rhwng oedolion, hyd yn oed os nad ydynt yn cael gwybod y manylion. Ac ro'n i'n ymwybodol bob Dolig mai dod yn sgil Taid a Nain fyddai Bodo.

Wedi i Taid farw, dim ond Gladys a Gracie a ddôi i'n tŷ ni. Roedden ni yng nghyfnod bywiog y saithdegau, yn ferched ifanc yn yr ysgol uwchradd. Roedd Nain a'i chwaer eisiau rhywbeth i'w diddanu, a gweu fyddai eu difyrrwch pennaf. Gweu sgarff i ni oedd y gorchymyn, a gweu a gweu fyddai'r ddwy. Sgarffiau hir at eich traed oedd y ffasiwn ar y pryd, a dyna'r cof sydd gen i – dwy hen wraig wedi'u boddi dan filltiroedd o sgarff gwyrdd, a nhwythau'n holi'n ddigalon, 'Ydi o'n ddigon hir BELLACH?'

Wedi i Nain farw, byddai Bodo'n dod acw ar ei phen

ei hun. Bob Dolig, beth bynnag, ond hefyd (ar ôl iddi ddechrau gwaelu) dôi i aros atom am gyfnodau. Erbyn hynny roeddwn i wedi gadael y coleg ac adref yn ddi-waith. Deuthum i nabod Bodo'n well yn y cyfnod hwnnw. Beth bynnag oedd ei diffygion yn y gorffennol wyddwn i ddim amdanynt, a'r cyfan a wnawn fyddai rhannu stafell efo hi ambell bnawn a cheisio dychmygu diflastod person Naw Deg Rhywbeth. Mor wahanol oedd y byd i'r ddwy ohonom: fi yn fy ugeiniau yn mwynhau iechyd a digon o gynnwrf (er nad oedd gen i 'job iawn'), a hithau yn ei chwman ac arwyddion clefyd Parkinson's yn dechrau dod i'r golwg. Yn eistedd yn ei chadair, y gweill wedi'u rhoi o'r neilltu erbyn hynny, yn syllu ar y wal ac yn aros tan y baned neu'r pryd nesaf.

Pan fyddai'n sgwrsio, mynd yn ôl i'r gorffennol a wnâi. Byddai ganddi offer i'w helpu i glywed ond gallai hwnnw fod yn ddigon oriog. Cofiaf un tro geisio rhoi trefn ar ei hatgofion, a llunio coeden deulu. Drysodd bob cangen bosib, ac aeth y ddwy ohonom i chwerthin a chael y gigls go iawn. Roedd dull Bodo o chwerthin yn unigryw. Gwasgai ei hwyneb yn dynn nes byddai ei llygaid yn diflannu. Caeai ei cheg yn glep, a gallech daeru ei bod mewn poen dirfawr, nes i'r ysgwyddau ddechrau codi, a dyna hi wedyn. Byddai'r cryndod yn para am ddau funud go lew, nes y dôi'r ddynes at ei choed. Ond yn ystod un pwl o chwerthin fel hyn y penderfynais i nad oedd Bodo mor ddrwg â hynny, ac y gallem, mewn oes arall, mewn cyfnod arall, fod wedi bod yn ffrindiau.

Wedi'r cwbl, pwy sydd eisiau gweniaith? Os ydi bywyd wedi bod yn eitha caled efo chi, ofer ydi smalio bod popeth yn iawn. O holi fy mam, dyma ddeall nad dewis bod yn hen ferch wnaeth Bodo (a choblyn o derm diraddiol ydi hwnnw hefyd – dylid ei wahardd o'n geirfa); roedd ganddi berthynas efo Yncl J— a honno'n berthynas gariadus, ond roedd Yncl J— wedi marw'n ifanc a neb arall wedi denu Gladys.

Nid hen wraig sych oedd hi chwaith. Gladys oedd un o'r rhai cyntaf o'i chenhedlaeth i fod yn berchen moto, a byddai'n gyrru o gwmpas y lle, hi a'i chi bach gwyn o'r enw Pip. Roedd tipyn o fynd ynddi, a chanddi natur annibynnol. Byw ar arian ei thad a wnaeth hi, heb gael swydd o unrhyw fath. Gwyddai o'r gorau, mae'n debyg, fod pawb yn ei chymharu â'i chwaer ac mai perthynas Sinderelaidd oedd hi, ond doedd dim y gallai hi wneud ynglŷn â hynny. Roedd wedi colli ei mam yn ferch ifanc; bu Wili, ei brawd, farw yn y Rhyfel Byd Cyntaf, a bylchwyd ei bywyd gan golledion digon egr. Yn Naw Deg Rhywbeth roedd yn rhaid iddi rannu aelwyd efo teulu ei nith, a fu'n ddigon ffôl i gael pump o blant, a doedd hwnnw mo'r lle delfrydol i berson mewn oed fod ynddo. Gormod o'r hanner o fynd a dŵad; pawb â'i ddiddordeb ei hun, ac anodd oedd deall (a chofio) beth oedd busnes pawb. A doedd hithau ddim yn perthyn i'r oes fodern.

Ond rywsut, rywfodd, o dreulio cryn dipyn o oriau ar y soffa yn ei hastudio, deuthum i ddeall teithi ei meddwl yn well. Fyddai'r un ohonom yn sgwrsio er mwyn sgwrsio. Teimlwn ambell waith fel rhyw 'lady companion' iddi. Doedd gan 'run ohonom waith, ac roeddem yn treulio cryn amser yn y parlwr. Byddai hi'n pendwmpian, yn syllu i nunlle, cyn troi i weld beth fyddwn i'n ei wneud, a chodi ei haeliau pan ddôi rhywun trwy'r drws.

Yr astudiaeth hon o henaint a'i gwnaeth yn bosib i mi sgwennu *Si Hei Lwli*. Gyda'r nos, cysgai yn y gwely yn y parlwr drws nesaf, ond doedd o ddim yn gwsg llonydd. Dyna pryd y byddai Bodo'n cychwyn ar ei 'hantics', a gwaethygu a wnaethant wrth i'r blynyddoedd fynd rhagddynt. Caem ein deffro gan sŵn llygoden, ond Bodo oedd y llygoden honno – wedi dianc o'r gwely eto fyth. Dad a gâi'r dasg o'i thywys yn ôl i'w gwâl fel rheol, ond codais un noson i'w gweld yn ei choban yn ceisio agor y drws ffrynt. Gofynnais iddi lle roedd hi'n meddwl roedd hi'n mynd, a'r ateb gefais ganddi oedd 'adre'. Sut roedd hi'n bwriadu mynd yno? Efo bws. Doedd y ffaith ein bod yn byw ddwy filltir o'r safle bws agosaf a'i bod hithau'n droednoeth ddim yn ymddangos yn broblem. Er mai'r cyfuniad o gyffuriau a henaint oedd yn peri iddi grwydro a ffwndro fel hyn, roedd yna ysfa ddychrynllyd o gryf i ddychwelyd at y gwreiddiau, i'r lle saff hwnnw yn ei chof y byddai'n teimlo'n gyfforddus ynddo.

Weithiau byddai'n cyrraedd y lle hwnnw ac yn cael bodlonrwydd. Yn fy niflastod ar bnawniau maith, tawel, byddwn yn dechrau ei holi sut le oedd Bethesda pan oedd hi'n ifanc, neu pwy oedd Anti Hon a Hon. Ambell waith fyddai ganddi ddim amynedd, ond weithiau byddai hi a minnau'n dal y bws i Stalwm, ac yn cael awr neu ddwy ogoneddus. Wyddwn i ddim hanner yr amser am bwy roedd hi'n sôn ond cawn syniad – trwy sbienddrych, fel petai – sut un oedd Bodo ym mlodau ei dyddiau. Roedd 'na afiaith yn y llygaid pŵl ac anwyldeb yn y cofio. Yna, mwya sydyn, byddai'r hud ar ben a byddem yn ddwy hen ferch mewn parlwr ffrynt ar ddiwedd yr ugeinfed ganrif unwaith eto.

Aeth y gofal yn drech na ni yn y diwedd, a bu raid iddi fynd i gartref. Felly doeddwn i ddim yn 'byw' efo hi mwyach: 'ymweld' â hi a wnawn, yn achlysurol, ac mae 'na fyd o wahaniaeth. Addewais i mi fy hun, pan fyddwn yn pasio fy mhrawf gyrru, y byddwn yn ei herwgipio o'r cartref ac yn cael pnawn cofiadwy gyda hi. Dychmygwn bnawn poeth ar draeth Benllech yn llyfu hufen iâ, a sawl gwaith fe ddychmygais gaffi henffasiwn a'r ddwy ohonom yn cael paned dda a thorth frith.

Cedwais at fy ngair. Gwyddwn ei bod yn sigledig ei cherddediad, ond siawns na allwn barcio'r car ar Stryd Fawr Bethesda a'i thywys i weld hen siopau a ddôi â'r gorffennol yn ôl? Ond hi oedd piau'r dewis.

'Mae'r car tu allan, Bodo, yn aros amdanoch. Lle garech chi fynd?'

'Fi?'

'Ia.'

'Garwn i fynd i fynwent Coetmor, i weld bedd Gracie am y tro olaf.'

Dyna'r olygfa olaf yn *Si Hei Lwli*. Dyna sut y digwyddodd pethau, yn union felly. Yn aml iawn, mae bywyd go iawn yn rhagori ar lenyddiaeth.

Fi atebodd yr alwad pan ganodd y ffôn ar 25 Mai 1990. Roedd yn ddrwg ganddynt roi gwybod inni ond roedd 'Miss Williams' wedi marw. Bu raid i mi feddwl am eiliad pwy oedd hi – roedd hanner can mlynedd a mwy ers i rywun gyfeirio ati fel hynny o'r blaen.

Bodo . . . wedi marw? Fedrwn i ddim credu'r peth.

Roedd cyfnod, teyrnasiad, oes wedi dod i ben. Y ddolen honno â 1896, blwyddyn ei geni, wedi'i thorri. Pawb o'i chenhedlaeth hi wedi darfod, a hithau rŵan wedi sleifio trwy'r rhwyd.

Chwe mis ar ôl ei marw, paciais yr atgofion a ffoi i Iwerddon, i fwthyn bach yn Clonakilty, ger Corc, i gael llonydd i sgwennu *Si Hei Lwli*. Am tua deufis bûm yn byw efo Bodo, 'mond hi a fi yn mynd a dod rhwng y presennol a'r Oes a Fu.

* * *

Yr unig gysylltiad â hi yn y byd hwn bellach yw mynwent Deneio ar gyrion Pwllheli. Os ffowch o'r Stryd Fawr, i fyny'r Allt Fawr serth heibio hen gapel Salem ac yna heibio cartref Gwladys Wynne yn y Garn, rydych chi'n ymestyn ymhell bell yn ôl i'r gorffennol.

Hen fynwent Ddicensaidd yr olwg ydi Deneio, a'i cherrig beddi Fictoraidd wedi'u gorchuddio ag eiddew yn rhoi naws hynafol i'r fan. Eto, mae'n llecyn tangnefeddus. Ddwywaith y flwyddyn y byddaf yn ymweld â hi bellach – cyn Sul y Blodau a chyn y Nadolig. Ym mhen draw'r fynwent y mae'r bedd, yn y gornel bellaf un, ar ôl camu trwy'r gwair hir a'r pantiau. Mae'r garreg fedd o wenithfaen yn un urddasol, ac yn cofnodi yn gyntaf farwolaeth Harri Iorwerth, brawd Bodo, yn dair oed yn 1900. Yna Hannah Laura, ei mam, yn 53 oed. Wedyn brawd arall iddi, William, a laddwyd yn y Rhyfel Mawr, ac yna'i thad.

Doedd dim lle i roi ei henw hi ar y garreg. Gosodwyd carreg fechan ar wahân iddi, ac ar honno y naddwyd ei henw – 'Bodo'. Mae ei hannibyniaeth yn ei harddangos ei hun ar ei bedd, hyd yn oed.

Mi af â phaned yno, i'w mwynhau ar ôl y chwynnu, ac i gydgymuno ag un a fu'n hen fodryb i mi. Y mwyaf annodweddiadol o fodrybedd, ond y ddifyrraf ohonynt, serch hynny.

Anti Llinos ac Anti Meri

Mari Emlyn

Daw teulu'n bwysicach wrth i rywun fynd yn hŷn, ar ôl colli rhieni a chyrraedd cangen uchaf y goeden deuluol. Rwyf wedi difaru sawl gwaith yn ystod y blynyddoedd diwethaf yma na wnes i gadw mewn cysylltiad agosach ag aelodau hŷn fy nheulu wrth i minnau ddringo'r goeden; difaru peidio'u holi am hynt a helynt cyndeidiau, neiniau, ewythrod a modrybedd. Sut bobl oedden nhw? Pa rinweddau a pha ffaeleddau a etifeddais i neu a etifeddodd fy meibion ganddynt?

Pan oeddwn yn dair oed, bu farw fy hen nain a hithau'n naw deg a thair oed. Nid oes gennyf gof ohoni, wrth reswm, ond fe'm swynwyd gan ei stori. Fe'm hysbrydolwyd i lunio un o'm nofelau ar gefndir hanes Nain Jôs ac un o'i meibion, sef Ifor, a ddywedodd gelwyddau am ei oedran er mwyn enlistio yn y Rhyfel Mawr. Ni ddaeth ef, fel cynifer o'i gyfoedion, byth adref.

Pan ddechreuodd Nain Jôs gael poenau esgor fis Mehefin 1915 efo'i hwythfed plentyn, bu'n rhaid i Huw William Jones, ei gŵr (a'm hen daid innau), gerdded y tair milltir o Ben-y-groes i Dal-y-sarn i alw'r meddyg. Roedd hi'n noson ddrycinog. Erbyn iddo fo a'r meddyg gyrraedd yn ôl i'r tŷ bychan yn County Road, Pen-y-groes, roedd Nain Jôs wedi rhoi genedigaeth i hogyn bach a enwyd yn Huw Idris. Goroesodd Nain Jôs a'r baban, ond clafychodd Huw William Jones yn sgil cerdded drwy'r storm, a bu farw cyn i Huw Idris gyrraedd ei wythnos oed. Roedd fy hen daid yn un o dri brawd a oedd yn adnabyddus yng ngogledd Cymru fel cantorion, a'r pennawd yn yr *Herald Cymraeg* wrth gofnodi ei farwolaeth oedd 'Distawodd y Gân'.

Gadawyd Nain Jôs yn wraig weddw ddeugain oed i ofalu am wyth o blant bach. Roedd yr esgid fach yn gwasgu, ac mae'n rhyfeddod i mi sut y bu i Nain Jôs lwyddo i ddal dau ben llinyn ynghyd, a hynny yn ôl y sôn yn hynod raslon. Rwy'n cofio cymydog iddi'n dweud wrth fy mam flynyddoedd yn ddiweddarach na ddaeth ar draws neb na chynt na chwedyn mor ddewr â Nain Jôs. Bu'n 'cymryd golchi' gan bobl fawr yr ardal yn ogystal â darparu lojins (mewn tŷ teras a'i lond o blant) i athrawon a fyddai'n dod i weithio i'r ardal. Mae'n debyg y byddai un athrawes gerdd yn mynnu aros yn nhŷ Nain Jôs am fod ganddi harmoniwm.

Roedd fy nhaid, Emlyn Jones (tad fy mam), yn un o'r wyth plentyn. Rwy'n ei gofio'n dda gan iddo fyw tan 1974, a'i farwolaeth o oedd fy mhrofiad cyntaf o golled gwirioneddol gan ei fod o a minnau'n ffrindiau pennaf. Fi oedd yr wyres gyntaf i arddel ei enw. Mae'n rhan o chwedloniaeth y teulu bellach i Nhaid (a oedd, fel ei dad, yn gerddor dawnus) gael ei ddiarddel o'r County School, Pen-y-groes. Mae'n debyg bod gan y Prifathro fab oedd yn ddawnus ar y ffidil. Doedd o ddim yn hapus bod fy nhaid, oedd yn drombonydd disglair, yn dwyn llawer o sylw oddi ar ei fab. Mae'n debyg i'r Prifathro ddod i ystafell ddosbarth fy nhaid un bore a dweud,

'Emlyn Jones, you have to decide between the trombone and the school. I await your decision in the morning.' Fore trannoeth, daeth y Prifathro i'r ystafell ddosbarth eto gan gyfarth ar fy nhaid, 'Emlyn Jones! Have you made your decision?' Cododd fy nhaid a dweud, 'Yes, sir!' a cherdded allan o'r ysgol am y tro olaf, ac yntau'n ddim ond tair ar ddeg oed. Dwn i ddim beth oedd ymateb Nain Jôs i'r ffaith i'w mab gael ei ddiarddel o'r ysgol i bob pwrpas. Efallai iddi fodloni ar y sefyllfa gan i fy nhaid fynd ar ei ben i'r chwarel, a hynny'n golygu y deuai incwm bychan ychwanegol tuag at y coffrau hysb.

Y dyddiau hynny byddai sgowtiaid bandiau pres yn ymweld yn achlysurol â'r ardal, fel y daw sgowtiaid pêl-droed Lerpwl a Manceinion i gaeau chwarae'r plant heddiw. Sylwyd ar fy nhaid fel trombonydd dawnus gyda Seindorf Arian Nantlle, ac yn sgil hynny cafodd gynnig swydd fel clerc gyda'r Morris Motors Band yn Rhydychen gan ddod yn 'principal trombonist' i'r band enwog hwnnw. Dyna sydd i gyfrif am y ffaith i fy mam gael ei geni yn Rhydychen, cyn i Nhaid a'i deulu symud wedyn i'r Felinheli i fyw. A dyma finnau wedi ymgartrefu yn y Felinheli ers chwarter canrif bellach, a'r rhod wedi troi'n un cylch cyflawn. Mae rhai yn y Felinheli hyd y dydd heddiw yn parhau i gyfeirio at fy nhaid fel 'Emlyn Trombôn'.

Ymhlith holl frodyr a chwiorydd fy nhaid, roedd dwy chwaer a gofiaf yn dda: Anti Llinos ac Anti Meri. Roedd Anti Meri dair blynedd yn hŷn na Nhaid, ac Anti Llinos dair blynedd yn iau nag o. Roedd y tri'n ffrindiau pennaf. Pan oeddwn yn blentyn, er mwyn i'm rhieni gael rhyddid yn ystod wythnos yr Eisteddfod Genedlaethol, gollyngid fy chwaer bob mis Awst gyda ffrindiau yng Ngheinewydd a chawn innau fynd i aros gyda Nhaid a'i wraig, Anti Ann, ym Mhorthaethwy. Byddwn yn cael fy sbwylio'n lân ganddynt. Bob gwyliau Awst âi Nhaid â mi draw i weld Anti Llinos ac Anti Meri. Roedd y ddwy wedi ymgartrefu yng Nghaernarfon, a'r ddwy erbyn hynny'n wragedd gweddwon.

Roedd Anti Llinos yn byw mewn honglad o dŷ mawr brown o'r enw Glasfryn – tŷ ar allt ar Ffordd Cwstenin. Roedd y tu allan yn frown a'r teils llawr, y pren a'r dodrefn y tu mewn i gyd yn frown. Bu hithau fel ei mam yn creu incwm iddi'i hun trwy gynnig Gwely a Brecwast i ymwelwyr. Roedd Glasfryn yn dŷ oer, a'r unig ystafell gynnes a gofiaf oedd yr ystafell fach ganol gyda'i Aga fawr frown.

Roedd Anti Meri'n byw mewn tŷ llai, sef Llannor yn Heol Gelert, y tu ôl i dŷ Anti Llinos. Er bod y ddwy'n byw mor agos fyddai'r ddwy byth yn dod at ei gilydd pan fyddem ni fel teulu'n ymweld â nhw. Er mwyn profi'n teyrngarwch i'r ddwy byddai'n rhaid cael paned o de a 'ham salad' yn Glasfryn efo Anti Llinos yn gyntaf, ac wedyn gadael trwy ddrws cefn y tŷ a chroesi trwy'r ardd i ailadrodd y ddefod o gael paned o de a 'ham salad' yn Llannor efo Anti Meri! Doedd fiw i ni fynd i'r naill dŷ heb fynd i'r llall.

Wedi i mi symud i'r Felinheli yn 1986, awn yn achlysurol i ymweld ag Anti Llinos. Ni chofiaf fynd i weld Anti Meri ryw lawer. Roedd ganddi hi ei theulu o'i chwmpas, ond roedd Anti Llinos ar ei phen ei hun. Fel eu mam o'u blaenau roedd yna ruddin arbennig yn perthyn i'r ddwy chwaer, a'r hyn a'u gwnâi mor ddiddorol i mi oedd y ffaith eu bod mor wahanol i'w gilydd. Fel Nain Jôs, cawsant fyw i wth o oedran ond bu'r ddwy farw o fewn ychydig fisoedd i'w gilydd. Roedd Anti Llinos yn naw deg a dwy, ac Anti Meri o fewn dwy flynedd i ddathlu'i phen-blwydd yn gant.

Anti Llinos (chwith) ac Anti Meri yn 1988

Mae'n siŵr na ellid bod wedi cael dwy chwaer mwy gwahanol i'w gilydd na Llinos a Meri. Roedd Llinos yn wraig fach dwt, ddiwylliedig. Hi, mewn gwirionedd, oedd hanesydd y teulu a hyd y dydd heddiw dwi'n fy nghicio fy hun am beidio â'i holi hi'n dwll am straeon teuluol. Pan gyhoeddwyd *Cofio Canrif Ysgol Dyffryn Nantlle 1898–1998*, mae'n debyg i'r cyhoeddwyr ddibynnu'n drwm ar atgofion Anti Llinos, ond nid oes na llun na chyfeiriad ati yn y gyfrol. Dynes ddiymhongar oedd hi, heb unrhyw uchelgais i fod yn geffyl blaen.

Yn hogan ifanc, aeth o Ben-y-groes i Gaernarfon i weithio yn siop bwtsiar R.M. cyn symud i weithio yn y gyfnewidfa deliffonau adeg y rhyfel. Yn ystod y cyfnod yma y cyfarfu â'i gŵr. Dwn i ddim ai'r ffaith iddi golli Ifor ei brawd mor annhymig yn y Rhyfel Mawr a'i gwnaeth yn heddychwraig, ond roedd Anti Llinos hefyd yn genedlaetholwraig frwd ac yn weithgar gyda'r gangen leol o Blaid Cymru. Roedd hi'n dipyn o ryfeddod, felly, iddi briodi milwr o Gocni o'r enw Percy Thompson. Ganwyd Jennifer, eu merch, yn 1945, a phan oedd Jennifer yn dair oed symudodd Anti Llinos ac Yncl Percy a'r hogan fach i Lundain i fyw. Does neb yn gwybod yn iawn beth oedd gwaith Anti Llinos yn Llundain, ond ei bod yn gweithio i'r gwasanaeth sifil – i MI5 neu MI6. Yn ôl y sôn roedd gan ei phennaeth o fewn y gwasanaeth sifil barch mawr at Anti Llinos, a hynny nid yn unig am ei bod yn ferch ddeallus ond am ei bod hefyd yn un y gellid ymddiried yn llwyr ynddi i gadw cyfrinach. Flynyddoedd yn ddiweddarach, pan ofynnem iddi beth yn union oedd ei swydd yn Llundain, yr ateb yn ddi-ffael fyddai 'swydd hysh-hysh'!

Llwyddodd Anti Llinos i fagu Jennifer yn Llundain yn gwbl ddwyieithog, a daeth hi a Percy a Jennifer yn ôl i Gaernarfon i fyw ychydig cyn yr Arwisgo yn 1969. Byddai Anti Llinos hyd at ei blynyddoedd olaf yn hoff iawn o chwilota yn siopau elusen y dref, ac mae'n debyg fy mod innau wedi etifeddu'r chwilen fach ryfedd honno.

Mae'n siŵr i'r ffaith i Jennifer, unig blentyn Anti Llinos, briodi a symud i fyw i Zambia fod yn loes calon i'w mam. Yn Zambia y ganwyd ei hwyres gyntaf, Rachel. Yn fuan wedyn ymfudodd Jennifer i Ganada, ac yno y ganwyd yr ail wyres, Rhiannon, sydd â llais canu bendigedig ac wedi rhyddhau CD o'i chaneuon – aelod arall o'r teulu sydd wedi etifeddu dawn gerddorol. Mae'n rhyfedd sut y mae cerddoriaeth wedi lledaenu trwy ganghennau'r teulu. Roedd fy mam yn gantores, fy ewythr Endaf yn ganwr a chyfansoddwr, mae fy chwaer yn gerddor proffesiynol, a dau o fy meibion innau'n dilyn cyrsiau gradd a gradd bellach mewn Cerddoriaeth.

Pan oeddwn i'n blentyn fe gaem gardiau post gan Anti Llinos pan âi ar ei hymweliadau cyson â Zambia, ac yna â Chanada. Doedd o'n ddim i Anti Llinos deithio 'nôl ac ymlaen y fath bellter ar ei phen ei hun fach. Yn 1999, yn 89 mlwydd oed, gwnaeth Anti Llinos y penderfyniad tyngedfennol o ymfudo i Ganada at ei merch a'r teulu. Ei bwriad oedd dod yn ôl am dro i Gaernarfon y flwyddyn ddilynol i ddathlu ei phen-blwydd yn 90 oed. Yn anffodus, dioddefodd strôc yn fuan ar ôl symud i Ganada, a bu farw yno yn 2003.

Tra oedd Anti Llinos yn un fentrus, roedd Anti Meri'n llawer mwy nerfus. Rwy'n cofio un noson mynd â Nhaid ac Anti Ann draw i Gaernarfon i weld Anti Meri. Roedd hi'n noson stormus ac roedd gan Anti Meri ofn storm. Er curo'r drws sawl gwaith ni ddaeth Anti Meri i'r drws. Cawsom wybod yn ddiweddarach ei bod hi wedi'n clywed yn curo'r drws ac yn gweiddi arni trwy'r twll llythyrau, ond ei bod yn cuddio yn y twll dan grisiau i mochel rhag y storm. Tybed oedd gan y ffaith i'w thad farw yn sgil cerdded trwy storm adeg genedigaeth ei brawd rywbeth i'w wneud â'i hofn afresymol o stormydd?

Dynes 'stay at home' oedd Anti Meri. Fedrai hi ddim deall pobl yn mynd ar eu gwyliau. Roedd ganddi feddwl y byd o Gaernarfon, ac yn wahanol i Anti Llinos doedd ganddi ddim awydd mynd i weld y byd, a thref Caernarfon ar stepen ei drws. Mae 'na stori amdani'n mynd i weld ei mab yng Nghlwyd, ac wrth deithio'n ôl mewn car trwy Gaernarfon dyma ofyn i'r gyrrwr agor y ffenestr, 'i mi gael aer Caernarfon'!

Nerfus ai peidio, doedd gan Anti Meri, fel ei mam o'i blaen, ddim ofn gwaith. Yn hogan ifanc bu'n gweithio i'r Post ym Mhen-y-groes. Mae gen i gof i rywun sôn mai hi fuo raid cario'r teligram i'w mam o'r Post i ddweud bod ei mab, Ifor, wedi cwympo yn y Rhyfel Mawr. Does neb wedi gallu cadarnhau'r stori ddirdynnol honno i mi wedyn. O edrych ar Feibl y teulu, mae'n fwy tebygol mai chwaer hŷn iddi, sef Jennie (a fu hefyd yn gweithio yn y Post), fyddai wedi gorfod cyflawni'r dasg drist honno, gan mai dim ond tair ar ddeg oed oedd Anti Meri pan gollodd ei brawd. (Ychydig iawn a wn i am Jennie, gan i fywyd fynd yn drech na hi ar ôl iddi golli ei hunig blentyn – merch fach – yn faban yn 1937. Mae'n debyg mai marwolaeth yn y crud fyddai'r esboniad heddiw am farwolaeth ei baban bach. Bu farw Jennie ychydig fisoedd ar ôl ei cholli.)

Adeg ffliw mawr 1919, Anti Meri, mae'n debyg, oedd

yr unig un o'r wyth o blant i osgoi'r salwch difaol hwnnw. Oherwydd hynny bu'n rhaid iddi redeg Post Pen-y-groes ar ei phen ei hun am rai wythnosau. Mae'n debyg bod gwraig y postfeistr yn dipyn o 'gnawas', a gwelodd Nain Jôs y blŵs, yn ôl y sôn, pan orchmynnwyd i Anti Meri – ar ben holl gyfrifoldebau rhedeg swyddfa bost ar ei phen ei hun bach – fynd ar ei gliniau i llnau ac ysgubo stepen y drws.

Yn fuan wedyn gadawodd Anti Meri'r Post, a mynd i dŷ lojin yng Nghaernarfon a dechrau gweithio yn amryw o siopau'r dref. Priododd â dyn o'r enw Tom Roberts oedd yn *chauffeur* i feddyg lleol, ac fel Mrs Roberts Llannor y nabyddid hi wedyn. Cawsant dri o blant – Emlyn (a enwyd ar ôl fy nhaid), Nansi ac Ifor (a enwyd ar ôl y brawd a laddwyd yn Ffrainc).

Roedd Anti Meri'n dipyn o beiriant! Yn ôl y sôn roedd ganddi lais canu bendigedig, ond chlywais i erioed mohoni'n canu. Fy nghof i amdani ydi dynes fach gron gyda llygaid direidus, glas a bochau cochion. Gallaf ei chlywed yn chwerthin rŵan. Roedd hi'n un am biffian chwerthin. Byddai'n hoff o dynnu coes, a llwyddodd i berswadio'i hwyres fach ei bod yn frenhines o Iwerddon! Roedd hi hefyd yn ddynes benderfynol na hoffai afradu pres. Mae'n siŵr, o gofio'r cyni a ddioddefodd ei mam, iddi hithau gael ei magu i fod yn ddarbodus â'i harian. Ffromodd gyda'i hwyres un diwrnod am iddi wastraffu pres yn prynu dillad yn y dre. Aeth Anti Meri â'r dillad yn ôl i'r siop a mynnu cael y pres yn ôl. Wedi cyrraedd yn ôl adref i Llannor, dyma rwymo'i phen mewn bandais a dweud wrth Ffion, ei hwyres, iddi fod mewn sgarmes ffyrnig gyda pherchennog y siop cyn cael y pres yn ôl!

Ond er bod Anti Meri'n un gynnil, cafodd Anti Llinos y blaen arni un tro. Roedd Anti Meri wedi mentro prynu côt smart am bum punt ar hugain yn siop Pollecoffs, Pwllheli. Daeth Anti Llinos ati'r noson honno i ddangos côt yr un ffunud yr oedd hithau wedi'i phrynu yng Nghaernarfon y diwrnod hwnnw, a hynny mewn siop elusen yn dre am y nesaf peth i ddim!

Os oedd Anti Llinos yn genedlaetholwraig, doedd Anti Meri yn sicr ddim. Roedd yn gas ganddi Dafydd Iwan, a hynny, mae'n debyg, am iddo ddwyn anfri ar ei Chaernarfon hoff adeg yr Arwisgo! Daeth o'r dre un diwrnod yn ymfalchïo iddi godi dwrn arno yn Stryd Llyn! Mae'n beth rhyfedd sut yr oedd gan ddwy chwaer ddaliadau gwleidyddol mor wahanol.

Wrth fwrw trem yn ôl a chofio'r gorffennol fel hyn, caf ymdeimlad rhyfedd o gymuno â'm hynafiaid. Mae cysur mewn cofio. Pe bai'r ddwy yn fyw heddiw, a minnau bellach wedi colli fy rhieni, dwi'n siŵr y byddwn yn ymweld â nhw'n amlach er mwyn cadw'r cysylltiad. Fe fyddwn yn mynd at Anti Llinos i gael fy addysgu a'm diwyllio, a mynd at Anti Meri i gael dos o chwerthin braf. Mae'n ymddangos i mi etifeddu hoffter Anti Llinos o hanes, o grwydro a phicio i siopau elusen, a thuedd Anti Meri i dynnu coes a chael pyliau o chwerthin afreolus yn awr ac yn y man.

Fe hoffwn feddwl, os caf iechyd, yr etifeddaf eu hirhoedledd hefyd. Os gwnaf, gobeithio y bydd fy nisgynyddion yn gallach na mi, ac y byddant yn fy holi am hanes eu cyndeidiau cyn eu bod hwythau wedi cyrraedd brig y goeden.

Y pedair

Siân Thomas

Fel merch i weinidog, roedd gen i ddwsinau o Antis – a'r mwyafrif o'r rheiny'n rhai answyddogol! Roedd bron bob un o ferched y capel oedd o oedran arbennig yn 'fodryb' i mi – Anti Jane, Anti Jinny, Anti Eiry, Anti Gwen, Anti Nan, Anti Bessie, Anti Roberta ac Anti Dorrie. Yna, wrth gwrs, roedd yr Antis oedd yn gymdogion – Anti Mary, Anti Rhian, Anti Rebna ac Anti Ennyd, ac enwi dim ond pedair o'n cymdogion agosa. Dyma'r rhai oedd wastod yno os (ar adegau prin iawn) na fyddai Mam a Dad gartre pan gyrhaeddwn o'r ysgol, a heb os byddai punt neu ddwy (neu fwy) i mewn gyda'r garden pen-blwydd i mi bob blwyddyn.

Mae Antis sy ddim yn fodrybedd go iawn ond sydd naill ai'n ffrindiau i'r teulu neu'n perthyn 'ben golfen' yn bethe cyffredin iawn yng Nghymoedd y De. I wŷr y Rhondda ac Aberdâr, y 'Bopas' yw'r rhain. Roedd gen i lot o'r rhain hefyd, dyrnaid ohonyn nhw'n byw yn yr un tŷ yn Nhresalem, Aberdâr, y pentre lle ganwyd Mam a Dad. Cefndryd Mam oedd 'teulu 33' a oedd yn byw yn 33 Thomas Street: brawd a chwaer dibriod – Dewi a Bopa Nell – yn rhannu tŷ gyda chwaer arall, Bopa Liz, a oedd yn weddw. Yna chwaer arall eto, Bopa Nans, yn byw ychydig ddrysau i ffwrdd yn yr un stryd.

Roedd Bopa Liz yn gogyddes wych a'i 'chutney' yn ffefryn gan bobl y pentre. Byddai'n neud digon mewn un pnawn i gadw pob sleisen o gig oer yn Nhresalem yn hapus! Roedd y teulu'n hoelion wyth y capel bach. Mae'n wir dweud nad oedd yr un glec na stori yn pasio heibio '33'. Dwi'n siŵr y byddai MI5 ac MI6 wedi elwa o wybodaeth y pedair wal yma am y byd o'u cwmpas, a byddai Mata Hari ei hun wedi dysgu llawer gan yr adain yma o'r teulu shwt i ddod o hyd i stori. Roedd croeso cynnes bob amser wrth y tanllwyth o dân, a rhoddion hael bob Nadolig a phen-blwydd. Rhaid cyfaddef, dwi'n dal i ddefnyddio'r neisiedi poced oedd yn rhan annatod o'u hanrhegion Nadolig, ac mae gen i ddigon mewn bocsys heb eu hagor i gadw fy nhrwyn yn sych hyd fy medd.

Dwi'n unig blentyn, felly mae pob aelod o nheulu bach yn bwysig iawn i mi. Gan fod Mam a Dad wedi'u geni yn yr un pentref, roedd y ddau deulu'n nabod ei gilydd yn dda a'r plant yn ffrindiau. Bu Mam a Dad yn caru o'r crud, bron iawn.

A dyma ddod at y modrybedd go iawn. Erbyn hyn, un fodryb sydd ar ôl gen i. Roedd gen i dair, a phe bawn i wedi ngeni bymtheg mlynedd ynghynt, byddai gen i bedair. Gadewch i mi esbonio . . .

Mam oedd yr ieuenga o bedwar o blant – tair chwaer a brawd – gyda rhai blynyddoedd rhwng y ddau hyna a'r ddwy ieuenga. Mam oedd y babi, a Jennie ddwy flynedd a hanner yn hŷn na hi. Er yn wahanol iawn o ran eu personoliaethau, roedd y ddwy'n ffrindiau da. Byddai Sadie (Mam) a Jennie'n mynd gyda'i gilydd am wyliau i ffarm teulu Mam-gu yn ardal Castellnewydd Emlyn, a'r ddwy yma fyddai'n dwyn beic hen lanc o ewythr oedd yn cario'r post yn lleol. Roedd Mam wrth ei bodd ar y ffarm, ond byddai Jennie'n chwilio byth a hefyd am bethe i lenwi'i hamser, ac roedd hi'n *bored stiff* gyda bywyd yn y wlad.

Yn nes ymlaen hyfforddodd fel teilwres, a gweithio mewn siop teiliwr yn Aberdâr. Roedd hi'n feistres ar ei chrefft a bydde'n neud siacedi a ffrogiau hyfryd i'r teulu. Roedd Mam yn denau iawn pan oedd hi'n ifanc ond gwyddai Jennie'n iawn shwt i 'dwyllo siâp' mewn i siaced a siwt. Roedd hi'n dwlu ar ffasiwn ac wrth ei bodd mewn sodlau uchel, gan wfftio'r ffaith eu bod yn neud dolur i'w thraed wrth gerdded.

Un tro roedd hi wedi neud *outfit* newydd iddi'i hun, ac mi brynodd sgidie newydd uchel iawn i fynd gyda'r siwt. Roedd y cyfan yn cael y tyrn-owt cynta yn y cwrdd y Sul hwnnw. Roedd Mam-gu yn dadlau y bydde hi'n cwympo neu'n neud dolur i'w chluniau â'r fath bethe hurt ar ei thraed, ond mi fynnodd Jennie fod y sgidie newydd yn gyfforddus fel maneg. Roedd Mam-gu ar stepen y drws yn gwylio'r merched yn mynd i gwrdd y bore, ac yn gweld Jennie'n cerdded yn hyderus i dop yr hewl. Ar ôl troi'r gornel, mas o olwg Mam-gu, daeth y sawdl yn rhydd o'r esgid newydd a bu'n rhaid i Jennie dynnu'r sgidie, gan gwyno eu bod yn uffernol o anghyfforddus ond ei bod hi ddim ishe profi Mam-gu yn iawn! Mi gerddodd yn droednoeth nes dod yn agos at y capel gan drio'i gore i stwffio'r sawdl 'nôl ar yr esgid, cyn rhoi'r sgidie newydd 'nôl ar ei thraed a cherdded yn sionc i mewn i'r oedfa heb ddatgelu i unrhyw un nad oedd ganddi unrhyw deimlad yn ei thraed!

Dwi'n siŵr y bydden i wedi bod yn ffrindiau mawr gyda Jennie. Yn ôl y teulu, ry'n ni'n debyg iawn ein ffordd. Mae Mam yn dweud yn aml pan fydda i'n gwisgo pethe twp ar fy nhraed (heb boeni dim a ydyn nhw'n gyfforddus ai peidio; mae bod â rhywbeth newydd i'w wisgo yn well na phryd o fwyd i mi) – 'Fydd Jennie ni byth farw!' Yn wir, ry'n ni'n debyg iawn mewn nifer o ffyrdd, er iddi farw flynyddoedd cyn fy ngeni i.

Mi gafodd ei gŵr y diciâu, a threulio misoedd lawer mewn ysbyty. Trosglwyddodd y clefyd i'w wraig, ac er iddo fe wella, bu farw Jennie yn naw ar hugain oed ar ôl treulio misoedd lawer yn dioddef yn ei gwely adre. Mam, ei ffrind penna, oedd y nyrs ffyddlona hefyd, a hynny trwy eira mawr gaeaf 1947. Er ei salwch, chollodd Jennie mo'i sbarc na'i hiwmor. Gadawodd fab, Hirwen, oedd yn bedair a hanner ar y pryd, a gafodd ei godi wedyn gan Mam-gu a gweddill y teulu. Mae Hirwen a finnau, er ei fod flynyddoedd lawer yn hŷn na fi, fel brawd a chwaer – rhywbeth dwi'n siŵr y bydde Jennie wedi bod wrth ei bodd yn ei weld. Ar ôl marwolaeth ei fam, bu Hirwen yn byw gyda Mam-gu a chwaer hyna Mam, Rachel Ann, neu Nan i ni fel teulu.

Roedd Nan (modryb arall i mi, wrth gwrs) saith mlynedd a hanner yn hŷn na Jennie, ac yn wahanol iawn iddi ym mhob ffordd. Roedd hi'n fwy difrifol ei natur ac yn llai o gês na Jennie. Cafodd ddamwain yn ifanc a niweidio'i chlun yn wael, ac ar ôl gorfod disgwyl pum mlynedd bu'n rhaid iddi gael llawdriniaeth i gywiro'r nam. Roedd y grefft o osod cluniau newydd yn ei phlentyndod y dyddiau hynny, ac er iddi dreulio

45

misoedd lawer mewn ysbyty ni fu'r driniaeth yn llwyddiannus, a bu'n rhaid iddi ddefnyddio ffon weddill ei hoes. Mi dreuliodd flynyddoedd ei hieuenctid yn gweithio mewn siop ddillad, ond pan ddaeth symud o le i le yn anodd iddi, agorodd siop fach yn rŵm ffrynt y tŷ i werthu *soft furnishings* a nwyddau ar gyfer cartref – fel dillad gwely, tywelion, llieiniau bord ac ati – ac ambell ddilledyn.

Roedd 'Siop Miss Morgan' yn adnabyddus iawn yn yr ardal, ac yn gyrchfan boblogaidd ar bnawn Sadwrn i brynu ambell eitem, ac wrth gwrs am ddisgled o de a chlecs. Roedd Nan yn licio meddwl amdani ei hun fel tipyn o 'lady', gan gymryd bod ganddi safonau uwch na phawb arall! Ar ôl cau'r siop ac ymddeol bu'n byw mewn fflat. Bydden ni'n galw yno'n wythnosol, a Mam fyddai'n neud y gwaith tŷ iddi. Ei geiriau cynta bob amser cyn i ni fwyta oedd 'Ti wedi golchi dy ddwylo?' – cwestiwn fydde'n fy ngwylltio i o hyd, a finnau yn fy nhridegau erbyn hynny. Dwi'n ei chofio hi hefyd yn golchi arian cyn ei roi yn ei phwrs – 'Smo ti'n gwybod pwy sy wedi handlo fe!'

Bu farw'n naw deg dwy oed, a chan iddi fod yn ddibriod trwy'i hoes, cafodd ei chladdu yn yr un bedd â Jennie, ei chwaer. Y ddwy ohonyn nhw'n gymeriadau mor wahanol i'w gilydd, ac wedi cwympo mas droeon dros y blynyddoedd. Dwi'n siŵr eu bod yn anghytuno yn y byd nesa hefyd.

A dyma ni'n dod at fodryb rhif tri: Anti May – gwraig John, brawd Mam.

John oedd yr hyna yn y teulu, a'r unig frawd, ddwy

flynedd eto'n hŷn na Nan. Roedd y tair chwaer yn dwlu arno fe. Roedd e'n dipyn o rebel, ac yn gymeriad a hanner. Byddai'n licio gwisgo'n smart – wrth ei fodd mewn *plus fours* – a bu'n ddigon lwcus pan oedd yn ddyn ifanc i fyw mewn tŷ gyda phedair o ferched (Mam-gu, Sadie, Jennie a Nan), felly doedd dim prinder rhywun i smwddio'i grys cyn iddo fynd mas.

Mi briododd ferch o Aberaman – May, un o ddwy chwaer smart iawn. Roedd Anti May hefyd yn dwlu ar ddillad ac yn edrych fel cymeriad o ffilm *The Great Gatsby*, yn gwisgo fel merched ffasiynol y dauddegau – ffrogiau syth di-siâp, sodlau uchel, mwclis hir am ei gwddf ac, wrth gwrs, trwch o golur. Doedd Mam-gu ddim yn hapus bod yn well gan John a May fynd mas i ddawnsio na mynd i'r cwrdd! Mae 'na luniau hyfryd ohonyn nhw ill dau yn eu dillad crand a het yr un am eu pennau, ac Anti May â sigarét mewn holdyr hir rhwng ei bysedd.

Roedd John, fel dwedes i, yn dipyn o gymeriad ac yn dynnwr coes o fri. Un tro roedd Mam-gu a'r merched ar wyliau ar y ffarm yn y gorllewin, a dwedodd John ei fod yn dod i aros am gwpwl o ddyddiau ac yn dod â May gyda fe. Roedd bws i ddod â nhw cyn belled â Chastellnewydd Emlyn, ac yna roedd taith o ryw ddwy neu dair milltir arall i gyrraedd tir y ffarm – siwrne mewn tacsi fel arfer. Mi benderfynodd John ei fod am gerdded i'r ffarm, a hynny ar draws y caeau, er mwyn i May gael gweld y tir a'r olygfa! Fel y gallwch ddychmygu roedd May wedi gwisgo'i dillad gore a'i sodlau uchel i gwrdd â'r teulu am y tro cynta. Roedd y teulu'n aros amdanyn nhw ond ddim yn disgwyl eu gweld yn cerdded ar draws y caeau, a May dros ei phigyrnau mewn mwd. Roedd hi wedi blino'n lân erbyn cyrraedd y ffarm, ac yn fwd a llacs o'i phen i'w thraed. Bu'n rhaid ei rhoi yn y bath yn syth, a thrio crafu'r mwd o'r sgidie gore. I goroni'r cyfan, wrth fynd i'r gwely'r noson honno, mi darodd ei phen yn gas yn erbyn un o'r trawstiau yn y llofft. Chwerthin wnaeth John, gan wybod yn iawn beth oedd e wedi'i neud!

Roedd y straeon yma am Anti May wastod yn fy synnu i pan oeddwn i'n ifanc, achos doedd yr Anti May ganol oed ro'n i'n ei nabod ddim byd tebyg i ddisgrifiad Mam ohoni. Roedd y ferch denau, brydferth wedi tyfu'n fenyw fwy sylweddol ei maint, a'r gorddefnydd o golur pan oedd yn ifanc wedi gadael ei ôl ar ei chroen. Roedd un peth yno o hyd – y sigarét – ond roedd y mwgyn oedd mor *glamorous* yn y lluniau cynnar bellach yn un o nifer o ffags a harddai'r blwch llwch yn y tŷ. Roedd hi'n dal yn smart, cofiwch, a'r het fawr a phluen arni oedd am ei phen ym mhriodas fy nghyfnither, ei merch, yn ein hatgoffa ryw gymaint o'r hyn a fu Anti May yn ei hieuenctid.

Ar ôl ymddeol ymfudodd hi a John i Ganada at eu merch, ac mae wedi'i chladdu yno.

A dyma ddod at y fodryb olaf, a'r unig un sy'n dal yn fyw. Aelod o deulu Dad y tro hwn – Gwladys, unig chwaer Dad, ac yn hŷn nag e.

Mae Gwladys erbyn hyn yn naw deg a phedair oed, ond yn colli dim ac yn dal i redeg rownders rownd y teulu. Mae ei hoedran mawr yn syndod o gofio'i blynyddoedd cynnar. Byddai'n dioddef yn wael o asthma yn ystod ei phlentyndod a'i hieuenctid, ac o ganlyniad mi gollodd gyfnodau sylweddol o'r ysgol. Ceisio'i harbed rhag cael annwyd oedd y dasg i'r teulu. Pe bydde Gwladys ddim ond yn tisian, bydde trwch o fwstard, saim gŵydd a phapur brown yn cael eu rhoi ar ei *chest*, a *liberty bodice* o frethyn Cymru dros y cwbl! Byddai'r gwynt oedd o'i chwmpas yn unig yn siŵr o hala ofn ar yr annwyd! Pan fyddai'n cael pwl cas, byddai'n gaeth i'w gwely am wythnosau, a sŵn yr ymladd am anadl yn llenwi'r tŷ.

Anti Gwladys, unig chwaer Dad

Pan oedd yn ei hugeiniau cynnar, cafodd bwl cas iawn a phawb yn poeni na fyddai'n dod drwyddi. Roedd y doctor yn ymwelydd cyson, ond bryd hynny, ychydig iawn ellid ei neud i wella'i chyflwr. Roedd Mam ar y pryd yn gweithio mewn siop fferyllydd yn Aberdâr. Gan eu bod yn enedigol o'r un pentref, roedd hi a Gwladys wedi bod yn ffrindiau gydol eu hoes. Daeth Mam i weld Gwladys un pnawn a dweud bod un o'r *reps* a ddôi i'r siop wedi dod â rhywbeth arbrofol i drin asthma. Mi gynigiodd i Mam-gu y galle Gwladys ei drio fe, ond nad oedd dim prawf y bydde fe'n gweithio. Aeth Mam i brynu un o'r teclynnau – peipen rwber a photel wydr yn llawn hylif un pen iddo a chwistrellwr y pen arall. Rhoddodd Gwladys gynnig arno. O fewn munudau roedd yn anadlu'n rhwydd, a'r pwl wedi pasio. Y teclyn arbrofol oedd un o'r pwmpiau asthma cyntaf, ac mae'n sicr iddo achub bywyd Gwladys a miloedd o ddioddefwyr eraill dros y degawdau. Mae Gwladys yn dal i ddioddef o asthma ond mae'r pwmp – un bach iawn erbyn hyn – sydd wastod yn ei bag wedi golygu ei bod wedi gallu byw bywyd normal am dros bedwar ugain o flynyddoedd.

Er iddi golli cymaint o'i haddysg, mae hi'n siarp fel botwm a chanddi ben da am syms. Mae'n neud i rywun feddwl beth fyddai ei hanes wedi bod petai wedi derbyn addysg gyflawn. Bu'n gweithio mewn ffatri yn ystod y rhyfel, ac yna mewn siop fwyd lle mae'n cofio hyd heddiw faint oedd 'rashiwns' pawb, ac enwau'r rhai fyddai'n trio twyllo a chael mwy na'u siâr. Priododd fachgen o Ferthyr – Idris – a bu'r ddau'n cadw siop *jewellers* yn Aberdâr am flynyddoedd lawer.

Mae wedi byw yn Nhresalem, Aberdâr, trwy'i hoes. Bu yn yr un tŷ am dros saith deg o flynyddoedd, ac mae'n gymaint rhan o'r tŷ â'r brics a'r morter. Mae'n nabod pawb ac yn gwybod achau trigolion y pentre i gyd. Does ond ishe i Gwladys weld rhywun un waith, ac mae hi nid yn unig yn ei gofio am byth ond mi fydd wedi cael hanes y teulu a'r achau, a phob manylyn o'i fywyd. Mae'n sylwi ar bopeth, ac mi fydde hithau fel 'Bopas 33' wedi bod yn gaffaeliad i wasanaeth ysbïo'r wlad.

Mae gwleidyddiaeth yn ddiléit iddi hefyd, ac un o bleserau teledu'r wythnos yw *Question Time*, sy'n rhoi cyfle iddi wylltio'n gacwn gyda'r gwleidyddion a bytheirio i gyfeiriad y sgrin. Mae'n gwylio *Pobol y Cwm* â'r un angerdd, ac yn gwylltio'n ofnadwy gyda rhai o'r cymeriadau. Mae 'Ych a fi, yr hen fochyn!' yn cael ei ddweud yn aml am ambell gymeriad, ta waeth faint o weithiau y byddwn yn esbonio taw dim ond actio maen nhw!

Heb swnio'n ben mawr, rhaid cyfadde taw fi yw cannwyll ei llygaid. Chafodd hi erioed blant ei hun, ac mae'n jôc o fewn y teulu bod Gwladys wastod yn dweud, 'Siân will do it . . .' – ac fel arfer, ie, fi sy'n neud!

* * *

Dyna nhw – y pedair Anti a fu'n gymaint rhan o mywyd i. Oes, mae 'na rywfaint o'r pedair ynof i, a phob un ohonynt yn ei ffordd wedi gadael ei hôl arnaf. Fel dwedes i ar y dechrau, unig blentyn ydw i, felly fydda i fyth yn fodryb fy hun. Ond pe bawn i, sgwn i i ba un o'r pedair y bydden i debycaf fel modryb?

Ond mi ydw i'n 'Anti' answyddogol i blant fy ffrindiau, a hwyrach, un diwrnod, wedi i mi gyrraedd oedran arbennig, y bydda i'n 'Bopa' i rywun hefyd.

Fel paratoad ar gyfer y diwrnod hwnnw, dwi wedi cysylltu ag MI5 yn barod!

Y tri mwnci bach

Ffion Dafis

Dydw i ddim yn cofio amser hebddi. Y fechan. Ler. Leran Lwyd. Llwydan. Ugain mis ar ôl i mi gyrraedd mi gyrhaeddodd hi, ac fe gychwynnodd ein taith ni yn ddwy. Dwy chwaer. Fy ffrind gorau. Hyd heddiw, mae pobl yn ein cymysgu – mae'r wynebau a'r lleisiau'n ddychrynllyd o debyg. Yn anffodus, hi gafodd y coesau a'r wast fach a rhaid i minnau, medda hi, fod yn ddiolchgar am fy nhaldra! Er ei bod yn niwsans garw yn y blynyddoedd cynnar 'na, dwi'n gwybod na allwn i fyw hebddi.

Er yr agosrwydd roedd hi'n amlwg o'r dechrau fod 'na ddwy bersonoliaeth dra gwahanol yma. Hi oedd y fatsien bengaled a luchiai ei hun ar lawr siop y pentref os na châi ei ffordd ei hun, a finnau'n ddigon bodlon eistedd ar boti am oriau yn darllen catalog Mothercare. Ond y gwahaniaeth mwyaf pan oeddan ni'n blant oedd ein hagwedd tuag at ddoliau. Roedd gan Leri ddegau ohonyn nhw. Rhai del, rhai hyll, rhai du, rhai gwyn – i gyd yn cael eu rhoi i eistedd ar y gwely mewn rhesi tra byddai 'Miss' yn cymryd y gofrestr ac yna'n eu gwthio am oriau mewn coets o gwmpas y stryd efo'i ffrind gorau, Julie Brown. Mae hi wedi bod yn famol erioed.

52

Ysgrifennu sgriptiau a pherfformio dramâu bach ar y patio yn yr ardd fyddwn i.

Wedi iddi adael y coleg yn Aberystwyth, priodi Gwion, cael swydd fel athrawes a phrynu tŷ yn y Felinheli, byddai'r chwaer fach a'r fawr yn eistedd am oriau o gwmpas bwrdd y gegin yn yfed gwin ac yn traethu am fywyd. Wrth gwrs, deuai'r pwnc o gael plant i fyny'n aml a'r chwaer fawr yn ceisio dychmygu'r chwaer fach yn magu ac yn trwytho. Byddai'n fam heb ei hail.

Alla i ddim egluro'r emosiwn a'm trawodd pan glywais mod i'n mynd i fod yn fodryb am y tro cyntaf. Nid fy chwaer fach oedd Ler bellach, y beth bach 'na fu'n gysgod i mi ar hyd y blynyddoedd; roedd hi'n ddynes aeddfed a oedd ar fin cychwyn ar daith newydd sbon. Roedd hi'n mynd i fod yn fam, a minnau yn ei sgil yn mynd i gael profi'r wefr o ddod yn fodryb. A ninnau wedi colli Mam rai blynyddoedd ynghynt, daeth rhyw don o gyfrifoldeb drosof. Nid chwarae efo doliau oedd hi bellach – roedd 'na fabi go iawn ar y ffordd!

Ychydig a wyddwn i'r diwrnod bendigedig hwnnw y byddai 'na ddau fwnci bach arall yn dod i'n byd ni wedyn. Tri mwnci bach i gyd, mewn llai na chwe blynedd. Fy mwncïod bach i.

Noa.

Moi.

Twm.

Tair llythyren yr un ydyn nhw. Enwau bach byrion i dri o'r cymeriadau mwyaf i mi eu hadnabod erioed. Hogiau'r Hallams! A'r teimlad gorau? Y balchder o weld fy chwaer fach (a'i hannwyl ŵr, wrth gwrs) yn magu ac yn rhoi ei stamp ei hun ar y tri pherson bach 'ma. Duw

yn unig a ŵyr beth fyddai'n digwydd i nghalon i petawn
i byth yn cael fy mhlant fy hun . . . O'r eiliad y cyfarfyddais
â'r tri bach 'ma roedd 'na beryg y byddai'n gorlifo o
gariad.

Twm (chwith), Moi (o mlaen i) a Noa.

Mae perthynas modryb a'i neiod yn un unigryw. Mae
hi'n un sy'n cynnig dewis a rhyddid llwyr i mi. Mae Ler
a Gwion a'r hogiau'n uned gadarn, ac mae hi i fyny i mi
faint o ran o'r uned honno rydw i am fod. A'r gwir
amdani? Alla i ddim cadw draw!

Ganwyd Noa mewn bath dŵr yn Ysbyty Gwynedd ar
24 Ionawr 2003, ac mi welais i o am y tro cyntaf pan
oedd o'n ychydig oriau oed. Erbyn dyfodiad yr ail roedd
gan fy chwaer ddigon o hyder i eni adref o flaen y tân,
a finnau wedi cael gwahoddiad arbennig i fod yn rhan

o'r digwyddiad. Ffilmio golygfa o *Amdani* yn uchelderau Bethesda ynghanol yr eira ddechrau mis Rhagfyr ro'n i pan ddaeth yr alwad i ddeud fod y bychan wedi penderfynu gwneud ei ymddangosiad cyntaf. Dydw i ddim wedi llamu trwy olygfa mor sydyn yn fy nydd, ond er mawr siom do'n i ddim yn ddigon sydyn i ddal Moi Llwyd yn tynnu ei anadl cyntaf. Roedd y diawch bach wedi cyrraedd eiliadau'n unig cyn i mi glywed 'Cut!', a rhaid oedd bodloni ar ei weld yn sugno'n naturiol ar fron ei fam o flaen y tân yn funudau oed. Roeddwn i'n benderfynol o fod yno i weld y trydydd yn cyrraedd, a chefais fy nymuniad ar 25 Ionawr 2008. Gweld fy chwaer fach yn geni Twm Arthur mewn llai nag awr o'r dechrau i'r diwedd yng nghyffordwusrwydd ei stafell fyw. Roedd y fodryb yn un llanast o ddagrau a balchder a sioc!

Mae'n wir dweud bod 'na gyfres go helaeth o siociau a gwersi i'w profi pan ddowch yn fodryb am y tro cyntaf. Mae gyrru car wedi bod yn bleser i mi ers blynyddoedd, er y cwyno ysbeidiol a wnaf am y lôn enwog honno sy'n cysylltu'r Gogs a'r Hwntws. Ar ddiwrnod braf, a neb na dim yn gweiddi arna i i gyrraedd pen fy nhaith erbyn rhyw amser penodol, does dim byd gwell gen i na bod tu ôl i lyw'r Golff bach llwyd, a gwerthfawrogi'r haul yn taro ar fynydd a llyn cyn rhoi nhroed i lawr ar ambell ddarn syth. Dwi wedi gyrru trwy Galiffornia a thamaid o Dde Affrica, Ewrop a De America, a hynny heb gael fy nhaflu o gwbl gan ochr ddieithr y gêr, y brêc na'r lôn. Ond rhowch un o'r mwncis bach yn y car ac mae'r gallu cyfarwydd yma'n llwyr ddiflannu! Mae'r cargo yma'n wahanol. Yn arbennig. Yn rhan ohona i.

Anghofia i fyth y diwrnod yr es â Noa am dro i dŷ Nain yn Llandudno am y tro cynta, taith sydd fel arfer yn cymryd llai na hanner awr o ddrws i ddrws. Wedi archwilio straps y gadair car am y trydydd tro ar hugain, dechreuodd y daith ugain milltir yr awr. Oeddwn i i fod i yrru ar y chwith ta'r dde? Beth ydi 'cylchfan'? Ydw i wedi edrych digon cyn croesi? Oedd y golau ar wyrdd pan es i trwyddo fo? Ydi o'n anadlu yn y cefn? Ydi hi'n ddiogel i'w adael o mewn car sydd wedi'i barcio rhyw fetr o'r twll yn y wal am o leiaf un munud cyfan tra dwi'n nôl arian? Ydi o'n dal i anadlu? Ydi un milltir ar hugain yr awr fymryn yn rhy araf i draffordd? Ydi o'n dal i . . .? Ydi'r car 'na tu ôl i mi'n llawer rhy agos? Ydi hyn yn werth yr holl boeni? Lle mae'r corn, lle mae'r *indicator*, lle mae'r lôn – lle ydw *i*?!

Dwi'n falch o ddweud mod i'n hen law arni erbyn i Twm gyrraedd, a thair cadair erbyn hyn yn gallu cael eu strapio a'u llwytho â'm llygaid ar gau!

Mae'r ddelwedd yna o Ler yn gwthio'i doliau bach ffrili, pinc yn codi gwên. Croeso i fyd y jôcs pw-pw, pêl-droed, gitârs a mwd! Mae'r bwrdd pren yn y gegin lle bu'r holl draethu dros y Sancerre a'r Chateauneuf bellach yn fwrlwm o dynnu coes a ffraeo a chwerthin, ac yn eu canol yn feddw o fodlon mae Ler yn procio, yn addysgu ac yn disgyblu. Does 'na ddim byd gwell na phicio draw ar ôl diwrnod o ffilmio ar set *Rownd a Rownd*, yn poeni mod i wedi cambwysleisio rhyw linell, neu gyrraedd wedi oriau ar yr A470 yn rhegi Ifor Williams a'i fflyd, a chlywed y peth cynta ar ôl i mi agor y drws, 'Ffi–oon!' 'Ffii–ooon!' yn blith draphlith ar draws ei gilydd. Does 'na ddim boddhad tebyg i glywed fy enw'n cael ei alw allan fel'na! Mae cael tri mwnci bach yn dringo drosta i'n baent ac yn fwd ac yn snoch i gyd yn rhoi'r byd yn ôl ar ei echel yn go handi!

Fel hefo fi a hitha erstalwm, mae 'na dri bach gwahanol iawn yma, ac mae'n dal i fy synnu bod tri sy'n cael eu magu dan yr unto'n datblygu yn dri unigolyn mor wahanol.

Mae Noa bellach yn naw oed ac yn dipyn o feddyliwr; llyfrau a ffilmiau a dod i ddeall y byd o'i gwmpas sydd ar ei feddwl. Mae ei gwestiynau'n fy ngadael i'n gegrwth weithiau. Mae'r gwahanol theorïau sut cafodd y byd ei greu yn ei boeni; Owain Glyndŵr yw ei arwr; mae'n gwylio ffilm o ogwydd cyfarwyddwr ac mae'n gwybod geiriau caneuon Bandana, yr Ods ac Olly Murs i gyd (edrych ymlaen i dynnu ei goes am yr olaf 'na ymhen blynyddoedd!). Mae Nono (sori – Noa) yn fonheddwr sy'n ofni awdurdod, a jôcs a dewiniaeth ydi'i betha fo. Mae'n cefnogi timau pêl-droed Abertawe a Man U, ac am fod yn gyfarwyddwr ffilm neu'n actor ar ôl tyfu i fyny.

Saith oed ydi Moisyn (sori eto – Moi), yr un ddaeth i'r byd fel mellten ac sy'n parhau i wibio'i ffordd trwyddo. Mwddrwg cariadus, sydyn ei wên, ei ddireidi a'i dymer ydi hwn. Dydi awdurdod ddim yn peri cymaint o ofn i Moi, ac mae ei hyder yn heintus. Yn bum mlwydd oed mi ddatganodd ei fod am ddod ar wyliau ata i i Gaerdydd am wythnos ar ei ben ei hun. Ofynnodd o ddim unwaith am Mam, Dad, Noa na'r babi newydd! Mae canu a chwarae pêl-droed yn dod yn hawdd iawn iddo fo, ac mae'r llygaid mawr 'na'n syllu i grombil eich enaid chi (hyd yn oed ar ôl iddo fo fod yn uffar mewn croen), ac yn ddigon i wneud i mi faddau'r byd iddo fo. Mae Moi am fod yn warchodwr mwncïod mewn sw wedi iddo dyfu i fyny, ac Abertawe a Lerpwl ydi timau pêl-droed y Mistar Hallam bach yma.

Ac yna daeth Twm Arthur (Twm Twm). O'r eiliad y daeth o'r groth i gyfeiliant 'Nos Da, Mam' Steve Eaves, mae ei obsesiwn â cherddoriaeth wedi bod yn amlwg. Mae'n dair oed bellach, ac o'r tair blynedd mae o wedi bod ar y ddaear 'ma, mae gen i deimlad fod o leia'u hanner nhw wedi'u treulio â'i glust yn sownd i radio neu beiriant CD, neu'n chwarae un o'r myrdd o gitârs sydd ganddo. Yn ddiddorol, mae Twm yn mynnu chwarae'r offerynnau 'ma'n noethlymun borcyn, ac mae ei ymarweddiad wrth chwarae yn gwneud i Keith Richards edrych fel Jac y Jwc! Mae ganddon ni deimlad bod gynnon ni 'rocstar' bach yma, ond fo ydi'r seren anwylaf a mwyaf cariadus yn y byd. Does 'na neb yn fwy hael efo'i swsys a'i gêm 'bwyta clustiau' na Twm Twm. Dydi o ddim yn cefnogi unrhyw dîm pêl-droed ar hyn o bryd ond mi fydd yn ddiddorol gweld pa un o'r brodyr mawr gaiff y dylanwad mwyaf arno fo!

A dyna ni, y tri dyn bach pwysicaf yn fy mywyd i. Ond lle rydw i'n ffitio i mewn i'w bywydau nhw, a beth maen nhw'n feddwl ohona i? Dydi o 'mond yn deg i ni ddarllen chydig o'u hatebion i'r cwestiwn ofynnodd Ler iddyn nhw'r noson o'r blaen:

'Be ydach chi'n feddwl o Ffion?'

Noa: 'Mae Ffion yn hoff o fwyta ham a grawnwin ac mae hi'n ddoniol iawn. Mae hi'n fy helpu fi i ddod i ddeall ffilmiau. Mae hi'n llawer gwell na Mam pan mae'n dod i hyn. Mae hi'n feddylgar ac mi rydw i wrth fy modd pan mae hi'n ein gwarchod ni. Mae Ffion angen torri ei gwallt.'

Moi: 'Mae Ffion yn siarad gormod efo Mam. Maen nhw'n yfed lot o de rownd bwrdd y gegin. Mae Ffion yn hoffi gwisgo bŵts ac mae hi'n glên. Mae hi'n mynd â ni i'r sinema ac yn prynu Pick & Mix i ni. Mae ganddi ormod o wallt ac mae hi'n dal.'

Twm: 'Dwi'n licio Ffion.'

Fi: 'Diolch, hogia.'

Mi ofynnodd Leri i mi yn gynnar iawn beth oeddwn i am i'r hogiau fy ngalw. Fel y gwyddom yma yng Nghymru, mae 'na dipyn o bwyslais ar deitlau. Mae gan y triawd bach Taid, Gu, Tad-cu a Mam-gu yn ogystal â dau Wncl. Roedd gennym ni arferiad yn blant o alw'r rhan fwyaf o ffrindiau'n rhieni, ein cymdogion a hanner y capel yn 'Anti' ac 'Yncl'. Wn i ddim ai am y rheswm hwnnw neu am fy mod i'n rhyw how ofni bod y teitl yn fy heneiddio y dois i'r penderfyniad mai 'Ffion' yn unig fyddwn i i'r tri. Dwi'n byw mewn gobaith y bydd hyn rywsut yn gwneud i mi deimlo'n agosach atyn nhw, ac y gallant edrych arna i fel ffrind yn hytrach na rhywun efo teitl o flaen ei henw. Gobaith yn unig yw y byddant yn fy ngweld fel ffrind – rhyw fersiwn ychydig bach yn fwy 'cŵl' na'u mam, efallai.

Mae hon yn llinell denau drybeilig, wrth gwrs, ac yn un sy'n teneuo wrth yr eiliad. Dwi eisoes wedi dal y ddau hynaf yn rowlio'u llygadau pan nad ydw i'n deall tamaid o'r dechnoleg ddiweddaraf neu'n canu geiriau caneuon yn anghywir. Un peth bach sy'n rhoi mymryn o ciwdos i mi ar hyn o bryd (a pharith hwn ddim yn hir) yw fy mod i ar *Rownd a Rownd* a mod i'n gallu dweud ambell gyfrinach o'r plot wrthyn nhw. Torrwyd tipyn ar y grib honno'n ddiweddar. Mae yncl i Brengain, ffrind Noa, wedi bod ar *Dr Who*! Mewn gêm Top Trymps o antis ac wncls, mae gen i ofn y byddwn i'n reit isel ar y domen. Wedi nhrympio go iawn.

Fel hogiau bach sy'n dechrau siarad am gariadon ac sy'n prysur ddod yn ymwybodol bod genod bach yn bodoli, a bod Mam wedi priodi Dad, mae 'na un cwestiwn sy'n dueddol o godi'i ben bob hyn a hyn. Wrth eistedd ar y gwely efo'r tri y noson o'r blaen, fe gododd o eto.

Noa: 'Pam bo chdi ddim 'di priodi?'

Fi: 'Wel, falle mod i ddim wedi ffeindio'r dyn iawn.'

Moi: 'Be ma hynna'n feddwl?'

Fi: 'Cwestiwn da iawn, Moi!'

Moi: ''Na i dalu can punt i chdi os nei di briodi Gareth.'

Fi: 'Ffrindiau ydw i a Gareth.'

Moi: 'Be am ddau gan punt, ta?'

Noa: 'Fyddi di'n *bankrupt* os nei di hynna, Moi.'

Moi: 'Na, mae gen i lot mwy na hynna yn y banc.'

Fi: 'Falle 'na i ystyried y peth am dri chan punt, Moi.'

Moi: 'Na, dydi o ddim werth hynna.'

Noa: 'Ond mae Shane Williams werth hynna . . .'

Fi: 'Bargan!'

Felly, fe welwch fod fy nyfodol yn ddiogel am dri chan punt. Diolcha, Shane, dy fod ti'n un o asgellwyr cyflyma'r byd!

Mae rhai'n gofyn weithiau ydw i'n sbwylio'r hogiau, a'r ateb yn syml ydi 'na'. O yndw, dwi'n mynd â nhw i'r sinema a chanolfannau chwarae, ac wedi eistedd trwy ambell artaith weledol, o *Alvin and the Chipmunks* i *Kung Fu Panda*, ond nid modryb sy'n dod am dro yn ysbeidiol efo llond breichiau o anrhegion a danteithion ydw i. Mae natur fy swydd yn golygu mod i'n cael bod yn rhan naturiol o'u magwraeth. Mi fydda i'n eu pigo i fyny o'r ysgol ac yn eu cludo i ambell wers nofio, piano neu bêl-droed, ac yn y car ar y ffordd i'r llefydd yma y byddwn ni'n dadansoddi pynciau pwysig bywyd: Lerpwl neu Man U, yr Ods neu Bandana, ac a fydd 'na byth Harry Potter arall? A pham bod Moi'n caru mwncis?

Yma, yn eu canol, dwi'n teimlo'n fyw. Yma dwi'n gweld tri pherson bach yn dechrau ar eu taith fel roeddwn i a'u mam yr holl flynyddoedd yna yn ôl.

Cefais wahoddiad am swper neithiwr i eistedd a bwyta o gwmpas bwrdd y gegin yn eu mysg. Roedd Ler yn edrych yn flinedig ond yr un oedd y croeso, y chwerthin a'r cecru. Wedi rhoi'r tri mwnci bach yn eu gwelyau fe ledodd gwên fawr dros wyneb y chwaer fach. Daeth Gwion a photel siampên o'r cwpwrdd cefn. Roeddwn i'n nabod y wen honno . . .

[Fel roedd y llyfr yma ar fin mynd i'r wasg, cyrhaeddodd brawd bach arall – Nedw Caradog!]

Y ddwy o Lanwydden

Dylan Wyn Williams

Medi 1984. Daw'r Ford Cortina Ghia brown i stop yng
Nglanwydden – pentref un tafarn, ysgol, tri deg o dai a
hen felin wynt segur o'r ddeunawfed ganrif, ac – yn
bwysicach fyth i ni – parc swings-a-sleids. Mae sgrech
gwylanod cyfagos Llandudno yn atseinio trwy'r lle. Dwi
a'm chwaer fach wyth oed yn camu allan o'r car, ac yn
sefyll ger giât Rhif 1 Pendyffryn. O'n blaenau mae bwlch
yn y wal garreg uchel, a chant a mil o risiau'n esgyn at
ddrws ffrynt y tŷ teras cul – hanner dwsin o gamau,
mewn gwirionedd, ond yn ymddangos yn llawer mwy
na hynny i ddau bâr o lygaid bychan. Yna, mae'r drws
yn agor, a dwy hen wreigan mewn bratiau blodeuog yn
ymddangos. Ar y chwith, Anti Mag – pwtan yn wên o
glust i glust a chanddi wallt cyrliog llwyd, tenau, dan
gysgod Anti Lizzie Ann, yr hynaf, ychydig mwy syber yr
olwg y tu ôl i'w sbectols hanner lleuad. Dwy chwaer yn eu
hwythdegau: modrybedd fy mam, a hen fodrybedd i fi
a'm chwaer a phedwar ar ddeg o gefndryd a chyfnitherod.

'Dowch, dowch!' yw'r gorchymyn ysgafn. Ar ôl oedi
i aros am ein rhieni, rydyn ni'n carlamu'n eiddgar
i fyny'r grisiau gan wybod fod yna groeso a llond
bwrdd o ddanteithion cartref yn disgwyl amdanom, cyn
cau'r drws yn glep ar y gwylanod aflafar. A sôn am

ddanteithion. P'un ai newydd gael boliad o sgod a sglods o Tribells Llandudno neu ginio Sul adre fydden ni, byddai yna fyrddaid o gacennau jam a hufen blasus, sgons cartref, bara brith a brechdanau caws yn ein disgwyl ym Mhendyffryn. Mae fy nghyfnitherod yn cofio jeli llefrith yno hefyd, ond mae fy nghof – a'm stumog – i'n pallu.

Diolch i'r nefoedd nad oedd yna 'jeli traed lloi' neu 'dymplings siwet' ar y fwydlen, beth bynnag – rhai o berlau *Llyfr Coginio a Chadw Tŷ: yn cynnwys Pa fodd? A Phaham? Cogyddiaeth. Cogyddiaeth i gleifion a phlant. Rheolau i dori bwyd, gyda darluniau eglurhaol. Rheolau a Chynghorion Teuluaidd, &c. Gan Awdwr 'Llyfr Pawb ar Bop-peth'* (Hughes a'i Fab, Wrecsam, 1800). Mae'r llyfr arbennig hwn yn drysor teuluol a ddyfarnwyd i Lizzie Ann Hughes, 11 oed, gan Bwyllgor Addysg Sir Gaernarfon am fynychu'r ysgol yn rheolaidd yn y flwyddyn a ddaeth i ben ar 31 Gorffennaf 1911.

Llestri gorau yn y parlwr ffrynt fyddai hi bob amser i ni, gyda'r addurniadau pres yn wincio'n aur arnom o'r pentan. Ond llymeitian te wrth fwrdd fformeica yn y gegin gefn gul a thywyll fyddai'r ddwy fodryb yn amlach na pheidio. Unwaith yn gweini . . . Ar ôl mwynhau'r wledd, a chymryd gofal mawr gyda'r llestri tsieni gorau, byddwn i a'm chwaer yn esgusodi'n hunain o'r parlwr i fynd allan i chwarae er mwyn i'r rhai hŷn gael llonydd i glirio a hel straeon. I'r iard gefn y byddem yn mynd yn ddi-ffael, er nad oedd affliw o ddim yno mewn gwirionedd. Hances boced o iard goncrid, lein ddillad, a wal gerrig uchel a oedd yn gyndyn o adael i'r haul sbecian drwodd. Ond, am ryw reswm, roedd yr hen iard yn rhyw atynfa ryfedd i ni a oedd wedi'n difetha gan erwau o le chwarae ar y fferm adref. Dro arall, byddem yn cael caniatâd arbennig i adael y tŷ, croesi'r ffordd yn ofalus, a mynd i'r parc gyferbyn. Oedd, roedd Pendyffryn a Glanwydden wastad yn llefydd hapus a syml o gyfarwydd i ni blant.

Anti Mag ac Anti Lizzie Ann i ni, ond Margaret Jane ac Elizabeth Ann Hughes i'w rhieni. Yn anffodus, ni chawsant gyfle i'w hadnabod yn iawn gan i'r Bod Mawr benderfynu chwarae hen driciau creulon ar yr Hughesiaid ddechrau'r ganrif ddiwethaf. Daeth yr ergyd drom gyntaf ar Fedi'r cyntaf 1908, pan fu farw'r tad o'r diciâu. Cwta bedwar mis wedyn roedd eu mam yn ei bedd, ar ôl torri'i chalon yn rhacs o hiraeth. Gadawyd Elizabeth Ann (8 oed), Margaret Jane (3 oed) a'u brawd bach, William (2 oed), yn amddifad. Diolch i'r drefn, daeth ewythr a modryb y tri i'r fei, brawd a chwaer di-briod o'r enw David a Mary Hughes, er mwyn cadw'r tri phlentyn gyda'i gilydd a'u magu yn Nhyn y Bryn, Bryn Pydew.

Diolch i'r aelwyd gariadus honno, daethant drwyddi a mynd ar drywydd gwahanol i'w gilydd maes o law. Ffermio oedd byd William (Taid Pydew), tra aeth Anti Lizzie Ann i ennill ei bara menyn fel 'Dynes y Tacs' ym Mae Colwyn, gan ddod yn boblogaidd ymhlith ffarmwrs y glannau a oedd eisiau rhywun Cymraeg i gadw trefn ar eu treth incwm. Clawdd Offa oedd cyrchfan Anti Mag, yn cadw tŷ i ryw bobl fawr grand yn Wallasey, Glannau Mersi. Ac mae'n bosibl mai felly y byddai wedi bod, oni bai am un digwyddiad brawychus yng nghanol y tridegau. Roedd William, y brawd, yn teithio mewn lori wellt a oedd yn tuchan i fyny allt Bryn Eisteddfod, Glan Conwy, un diwrnod pan fethodd y gêr a hergydio i stop.

Er mai pytiog braidd yw'r hanes, mae'n debyg fod y byrnau gwellt wedi towlu a tharo caban y lori, torri'r ffenestr ôl yn deilchion a chreu llanast mewn mwy nag un ffordd. Cafodd William ei anafu'n ddifrifol gan lond ysgyfaint o wydr. Rhuthrodd ei chwiorydd yn ôl adref mewn braw, a nyrsio'u brawd bach wedi iddo adael yr ysbyty. Adref fuodd Anti Mag wedyn, yn helpu Taid Pydew i ddosbarthu llysiau ffres o gwmpas stadau tai mawr Llandudno, yntau'n llywio'r tractor ac Anti Mag yng nghanol mynydd o datws a swej ar gefn trelar. Dyna 'chi arwydd o berthynas dda! Hyd heddiw mae'r nithoedd yn dal i ddweud bod y ddwy chwaer wedi aberthu llawer dros eu brawd a'i deulu yntau maes o law. Cefnu ar fywyd cymdeithasol a chymar posibl yn Wallasey er mwyn eraill.

Dros y blynyddoedd roedd Mam a'i brawd a'i chwiorydd yn dyst i gyfeillgarwch y ddwy fodryb a ddeuai i'w gweld yn rheolaidd ym Mryn Pydew, cartref Taid a Nain, ychydig filltiroedd heibio'r hen chwarel galchfaen o Lanwydden. Ar droed, wrth gwrs, gan nad oedd y naill na'r llall yn gyrru. Toedd yna fysys a thrams rhagorol yn ardal Llandudno y dyddiau hynny, siŵr iawn? A heblaw am ambell wibdaith i'r Eil o' Man, merched eu milltir sgwâr oedden nhw yn bennaf. A phan ddaeth henaint a'i holl niwsans i'w rhan, a grisiau culion Pendyffryn yn fwy o fynydd bob dydd, daeth yn amser codi pac i un o gartrefi nyrsio niferus yr ardal. Mae gen i frith gof o helpu Nhad ac ewythr imi i glirio'r tŷ un diwrnod diflas a glawog adeg hanner tymor yr hydref ddiwedd yr wythdegau, cyn cludo llond trelar gwartheg o bethau i'r sêl ddodrefn Sadyrnol yn Llanrwst. Yn naturiol, y nithoedd gafodd y llestri tsieni gorau.

'Cranford' oedd eu cyfeiriad wedyn, cartref gofal preswyl ym Mae Penrhyn – cartref a oedd, er gwaetha'i enw Seisnig nodweddiadol o'r Costa Geriatrica, dan reolaeth Cymraes lân loyw a fu'n ffrindiau mawr efo'r ddwy tan y diwedd. Doedd y staff erioed wedi gweld dwy chwaer mor annhebyg i'w gilydd, gyda Lizzie Ann seriws yn sgut am gwisiau teledu oedd yn cynnig gwobrau ariannol mawr (rêl dynas treth), ac Anti Mag ddireidus wedi mopio ar *Neighbours*, *Pobol y Cwm* a 'Corrie'. Byrhoedlog fu'r bartneriaeth yn Cranford. Bu farw Anti Lizzie Ann yn 89 oed yn 1989, blwyddyn Eisteddfod Genedlaethol Dyffryn Conwy a'r Cyffiniau (Llanrwst).

Byddech chi'n disgwyl i hogyn yn ei arddegau anghofio am ryw hen fodryb fusgrell mewn cartref hen bobl ac arni arogl mintys capel, powdwr wyneb a bresych wedi'u berwi. Ond na, nid Anti Mag. Roedd hi'n bleser picied i'w gweld bob hyn a hyn. Wedi'r cwbl, dyma'r hen fodryb ffeind a oedd wastad yn cofio amdanom bob Nadolig a phen-blwydd, ac yn anfon pumpunt mewn cerdyn â sgrifen bach pry cop. Y cwestiwn cyntaf yn ddi-ffael i Mam a'i chwiorydd wrth iddyn nhw ymweld â hi'n ffyddlon bob dydd Iau oedd, 'Ei di i'r siop i nôl cardyn Cymraeg i hwn-a-hwn neu hon-a-hon i mi, os gweli di'n dda?' Ninnau'r plant wedyn yn cael ein siarsio i sgwennu i ddiolch iddi am ei haelioni arferol, ac yn gwneud hynny'n hapus. Er, mi bechais yn ddifrifol un flwyddyn pan gefais bwl o Gymdeithas yr Iaith-itis wrth anfon cerdyn post o'r coleg yng Nghaerdydd. Roedd Anti Mag wrth ei bodd yn clywed ei hanesion ni'r gorneiaint a gornithoedd, ond y tro hwn, dweud 'Twt lol' yn lle diolch wnaeth hi. Fy nhrosedd? Dangos sarhad tuag at y Teulu Brenhinol trwy ludo stamp pen Lis a'i ben i lawr. Ond dweud y drefn â direidi yn ei llygaid yr oedd hi, hefyd.

Wrth i'r blynyddoedd fynd heibio lleihaodd yr ymweliadau â Cranford, mwya'r cywilydd i mi. Ond roedd mynd i weld Anti Mag yn rhan mor annatod o draddodiad dydd Dolig â'r twrci a'r trimins a 'sbeshals' Gari Williams a Dai Jones ar S4C. Yr un peth oedd hi bob blwyddyn. Aelod o bob aelwyd yn hepgor y sieri bincs i ginio er mwyn gyrru llond tri char ohonom ryw ddeg milltir i lawr yr arfordir. Pawb yn gwasgu i ystafell fechan Anti Mag i ddymuno cyfarchion y tymor iddi, gan sicrhau nad oeddem yn tarfu ar yr Araith Fawr am dri, wrth gwrs. Ac o'n cwmpas, oriel o luniau ohonom yn bortreadau graddio, priodas a bedydd, babis bochdew a dwsinau o blant yn gwenu fel giatiau, rhai gyda bresys neu sbectols NHS, a theis cam piws-a-melyn Ysgol Dyffryn Conwy neu wyrdd-a-gwyn y Creuddyn. Ac yn ein plith, Anti Mag yn fychan bach yn ei chadair – yn sicr yn llai na'r tro diwethaf i mi ei gweld, yn sgil blynyddoedd o osteoarthritis – ond a'i chof yn byrlymu a'i llygaid yn pefrio gyda dwy/dair cenhedlaeth o'i theulu o'i chwmpas.

Roedd hi'n fraint helpu nghefndryd i gludo'i harch yn Eglwys Llangystennin ym mis Awst 2001. Bu farw'n dawel yn 96 oed, a dyna ddiwedd ar ein cysylltiad â'r genhedlaeth honno o deulu Mam. Dyna'r tro cyntaf i mi wneud y fath ddyletswydd, ac roeddwn i'n chwys oer o gyfrifoldeb, yn enwedig wrth gamu'n araf i fyny grisiau coblog yr hen eglwys ac i lawr llechwedd gwlyb y fynwent. Mae'r ymweliadau Nadoligaidd yn parhau, ond bellach i osod torchau celyn ar feddau Taid a Nain Pydew, Anti Mag ac Anti Lizzie Ann.

Heddiw, dwi wrthi'n didoli sawl bocs sgidia o luniau du a gwyn er mwyn rhoi trefn a lle teilwng iddynt mewn albwms call. Dof ar draws un gwych â'r geiriau 'Topical Pictures, Coronation Year 1937' wedi'u stampio ar y cefn.

Anti Mag (chwith) ac Anti Lizzie Ann

Dwy wraig ifanc, smart yn eu hetiau ffelt, cotiau llaes a ffrogiau blodeuog, a bag llaw yr un – yn gadael gorsaf drenau Llandudno, mae'n debyg. Dwi'n myfyrio am ennyd, yn gweld rhyw debygrwydd, ac yn ebychu. Siŵr iawn! Nhw ydyn nhw. Anti Lizzie Ann dalog ar y dde, ac Anti Mag gyda'r ymbarél ar y chwith. A'r syfrdan pur o'u gweld yn ifanc am y tro cyntaf, a minnau ond wedi'u hadnabod yn grychau a gwalltiau gwyn. Mi wnaf gopïau o'r llun, a'u postio at fy chwaer, fy nghefndryd a'm cyfnitherod ar gyfer eu halbwms hwy. A dwi'n gwenu wrth ystyried gludo pen 'rhen Lis ben i lawr ar yr amlen . . .

Gwen Aaron

Elin Aaron

Annwyl Pawb,
Cael amser braf yma. Y cwmni yn ddiddorol.
Y golygfeydd yn ANHYGOEL. Y cerdded yn
WYCH.
    Wela i chi'n fuan,
    Gwen x

Weithia mi faswn i'n licio petasan ni'n deulu sy'n cadw
pethau fel cardiau post, ond dydan ni ddim. Tasan ni'n
gneud, mi fasa cyfran helaeth o'r cardiau'n debyg iawn
i'r uchod, gyda Gwen yn gadael i ni wybod am ei thaith

ddiweddaraf (yn aml mewn llythrennau bras, gan nad yw llythrennau bach yn ddigon i gyflawni gwychder popeth).

Chwaer fach Dad ydi Gwen. Fe'i ganed ar y 25ain o Dachwedd yn y flwyddyn . . . (well i mi beidio dweud, ond mi fydd hi'n dathlu pen-blwydd go fawr yn 2013!). Roedd y teulu'n byw yn Aberystwyth pan aned Gwen ond dros y blynyddoedd mae hi wedi byw mewn sawl lle a theithio i bedwar ban. Bu yn y coleg ym Mhensylfania, yn gwirfoddoli mewn *kibbutz* yn Israel, mae wedi torri ei choes yn Norwy, wedi cerdded at odre Everest ac wedi dysgu Ffiseg i blant Rhydfelen, Penweddig a Thryfan.

Fel hoff nith Gwen (mi fydda i'n licio meddwl mai fi yw ei hoff nith, ond dwi'n siŵr y byddai fy nwy gyfnither a'r degau o ferched sy'n ystyried Gwen fel modryb iddyn nhw'n anghytuno â fi, ac y byddai Gwen yn taeru nad oes ganddi ffefrynnau – ond bw-hw iddyn nhw i gyd, fi sy'n sgwennu hwn!) . . . fel hoff nith Gwen, rydw i a nau frawd wedi cael aml i daith ddifyr o gwmpas Cymru efo hi.

Dwi'n cofio mynd i Gonwy ar un o'n hanturiaethau pan oedd y tri ohonom yn dal yn fychan. Wedi cyrraedd Conwy ar ôl siwrnai hir i dri mor ifanc, a chyn rhoi cam ar waliau'r castell – cyn gadael y maes parcio hyd yn oed – dyma sylweddoli bod Gwen wedi llwyddo i gloi'r goriad yn y car. Doedd dim amdani ond ffonio a disgwyl am y dyn AA i ddod i'n hachub. Pan gyrhaeddodd hwnnw doedd hi ddim yn bosib iddo agor y drws heb wneud difrod i'r car, felly i ffwrdd â Gwen, Sion, Guto a finna mewn tacsi yn ôl i Rhiwlas i nôl y goriad sbâr, cyn dychwelyd i Gonwy i nôl y car. Fe gysgodd y pedwar ohonom yn sownd ar y siwrnai o Riwlas yn ôl i Gonwy wedi llwyr ymlâdd ar ôl antur y dydd, a heb fynd fwy nag ychydig gamau o'r car! Ie, teithiau difyr oedd teithiau Gwen!

Ar ein ffordd adref o'n hanturiaethau, a Sion, Guto a finna'n aml wedi blino'n lân ond Gwen yn dal yn llawn egni, byddem yn stopio i gynllunio sgets i Mam a Dad fyddai'n darlunio'r hyn roeddem wedi'i weld yn ystod y dydd. Mae Gwen yn hoff iawn o berfformio a hyfforddi perfformwyr; yn ei chyfnod fel athrawes Ffiseg yn Ysgol Rhydfelen fe gynhyrchodd lawer perfformiad ar gyfer eisteddfodau lu. Byddai'r sgetsys a gynhyrchai'r pedwar ohonom ar ein ffordd adref o ryw antur arall yn rhai llawn chwerthin – megis y sgets ar ôl trip i'r Felin Wlân yn Nhrefriw (lle llwyddodd Gwen i ddarbwyllo Guto na fyddai gwely dwbl yn anrheg addas i Mam a Dad!), neu'r daith i Bentre Ifan yn sir Benfro yn y mwd. Ar ôl y trip i Gonwy, ychydig iawn oedd gennym i'w ddweud am Gonwy ei hun ond roedd ein helbul yn destun drama epig yn hytrach na sgets!

Er cymaint roedd Gwen yn mwynhau cynhyrchu dramâu a sgetsys, fu hi erioed, hyd y gwn i, yn dyheu am gael bod yn enwog ar lwyfan – er, mi fu hi ar y radio ambell waith. Pan oedd yn ddisgybl yn Ysgol Uwchradd Ardwyn (cyn mynd i Goleg Cheltenham i Ferched, lle bu'n brif eneth), fe gynrychiolodd Gwen yr ysgol ar y rhaglen radio *Top of the Form*. Yn amlwg, rydw i'n rhy ifanc i gofio'r rhaglen, ond yn ôl Dad a'i chwiorydd eraill fe wnaeth Gwen 'yn dda' – felly dwi'n cymryd nad enillodd hi!

Mae hi'n hoff o deithio – mi eith i unrhyw le, unrhyw

bryd. Ond mae 'na un daith arbennig yn aros yn y cof – taith wahanol iawn i'r arfer – sef ei thaith i Efrog Newydd lai nag wythnos ar ôl trychineb 9/11. Mae hi'n gwirfoddoli fel cynghorydd gydag elusen Cruse – Gofal mewn Galar. Mae wedi bod yn gwirfoddoli ar ran yr elusen ers dros dair blynedd ar ddeg bellach, ac wedi cynorthwyo nifer o deuluoedd trwy rai o amserau caletaf eu bywydau. Mae'r elusen yn rhoi cyfle i alarwyr siarad wyneb yn wyneb gyda rhywun niwtral, gwrthrychol, er mwyn trio dygymod ac ymdopi â'u colled.

Yn 2001, yn rhinwedd ei gwaith gyda Cruse ac ar gais y Llywodraeth, fe aeth Gwen i Efrog Newydd i gynorthwyo teuluoedd o Brydain oedd wedi colli rhywun pan gwympodd y ddau dŵr. Roedd y teuluoedd hynny angen help ymarferol yn ogystal â chynhaliaeth emosiynol. Dros gyfnod o wythnos yn Efrog Newydd bu Gwen yn gweithio'n agos iawn gyda phedwar teulu. Fel y basa pawb ohonom yn yr un sefyllfa, roedd y teuluoedd yn gobeithio, wrth lanio yn Efrog Newydd, fod eu mab, merch, rhiant, brawd neu chwaer yn wyrthiol ddiogel ac efallai'n gorwedd yn ddienw yn un o ysbytai'r ddinas, wedi colli'u cof, o bosib. Ond roedd gweld yr holl ddinistr ar safle Canolfan Masnach y Byd yn ddigon iddynt sylweddoli nad oedd gobaith. Wrth drio ymdopi â'u colled, ac yng nghanol eu gofid, roedd gofyn i'r teuluoedd wneud amryw o bethau ymarferol cyn gallu dychwelyd i Brydain i alaru go iawn. Roedd yn rhaid cofrestru unrhyw fanylion personol, rhoi sampl o'u DNA, a gwneud pob trefniant posib dan yr amgylchiadau er mwyn i'r awdurdodau allu adnabod a dychwelyd cyrff eu perthnasau. Wrth feddwl am effaith trychineb 9/11 ar y rhai oedd yno, a theuluoedd y rhai a fu farw, rydw i'n hynod falch o fy modryb Gwen a'r gwirfoddolwyr eraill o Cruse a aeth yno i geisio lliniaru rhywfaint ar y boen ac i fod yn gefn iddynt yn sgil eu profiadau erchyll. Mae Gwen yn taeru ei bod yn gallu aros yn wrthrychol wrth gyflawni ei gwaith gyda Cruse, ei bod yn gallu cydymdeimlo a chynnal heb ildio i emosiwn gan mai dyma'r ffordd orau o fod o help. Ac wrth gyrraedd adra'n ôl, mae'n cyfrif ei bendithion. Dyna Gwen i chi.

Mi holais i amryw o bobl, yn deulu ac yn ffrindiau, wrth fynd ati i sgwennu hyn o lith ac roedd un sylw yn codi dro ar ôl tro – mae Gwen wastad yn gwenu. Efallai ei fod yn rhywbeth i'w wneud â'i henw! Un o atgofion Margaret, chwaer fawr Dad, o'i chwaer fach yw ei bod hi wastad yn hapus, yn chwerthin ac yn gwenu. Byddai llawer o gyd-weithwyr Tad-cu, oedd yn ysgolheigion o fri, yn galw heibio Garth Celyn, cartre'r teulu yn Aberystwyth, ac roedden nhw i gyd yn gwirioni ar Gwen, y ferch fach groesawgar oedd yn eistedd ar lin ei thad, yn gwenu ac yn adrodd straeon byrlymus am anturiaethau neu helyntion ei diwrnod. Dydi pethau ddim wedi newid ers ei phlentyndod, a bob tro y bydd Gwen yn galw acw mi fydd ganddi doreth o straeon newydd i'w perfformio'n frwdfrydig inni. Mae ei brwdfrydedd yn un o'r pethau cynta sy'n denu pobl ati – mae hi wastad yn byrlymu.

Efallai eich bod wedi sylweddoli eisoes ond person pobl ydi Gwen. Tasa hi ar Ffesbwc mi fasa ganddi gannoedd o ffrindiau – ond dydi hi ddim ar Ffesbwc gan ei bod hi'n rhy brysur allan yn ymweld â ffrindiau, yn cerdded efo ffrindiau neu'n gwneud ffrindiau newydd (ond efallai – er iddi fod ar flaen y gad yn datblygu termau gwyddonol Cymraeg – fod y ffaith nad yw'n rhy hyderus yn defnyddio technoleg yn rheswm arall pam nad ydi hi ar Ffesbwc!). Beth bynnag, yr hyn dwi'n drio'i ddweud ydi bod Gwen yn nabod pawb!

Ychydig flynyddoedd yn ôl roedd y delynores Elinor Bennett yn Llundain yn cyfarfod tywysoges o Wlad Thai oedd â'i bryd ar agor canolfan delynau yn Bangkok. Roedd y dywysoges wedi cysylltu â thelynores bersonol y Tywysog Siarl cyn cael ei hannog i ddod i gysylltiad ag Elinor Bennett. Yn fuan iawn, trwy fân siarad, daethant i sylweddoli bod Gwen yn ffrind i'r ddwy ohonynt. (Mae Elinor Bennett yn sôn am hyn yn ei hunangofiant diweddar, fel mae'n digwydd.) Roedd y dywysoges yn un o ffrindiau pennaf Gwen yng Ngholeg Cheltenham – Gwen yn Gymraes Anghydffurfiol a Sunida yn ferch o Wlad Thai ac yn arfer Bwdistiaeth. Yr hyn oedd yn eu denu at ei gilydd oedd y ffaith nad oeddent, fel roedd bron bob disgybl arall yn yr ysgol, yn Saeson Ucheleglwysig. Cafodd Sunida ei diarddel o'r ysgol a'i hanfon adref yn ddirybudd, ac er i Gwen geisio sleifio i'w gweld pan oedd dan glo ar ei noson olaf yng ngholeg y 'Ladies', ni lwyddodd i ffarwelio â'i ffrind. Heb unrhyw fanylion cyswllt o gwbl torrwyd ar y cyfeillgarwch, nes i Sunida ddod yn ôl i Brydain ddeugain mlynedd yn ddiweddarach i chwilio am help i sefydlu ysgol delynau, a tharo ar un o ffrindiau bore oes Gwen! Ydi, mae Gwen yn nabod ac yn ffrind i BAWB!

Mae amryw o'r cardiau post a dderbyniwn ni gan Gwen yn rhai o wyliau cerdded. Er iddi fod yn 'base camp' Everest, ei hoff wyliau cerdded heb os oedd ei thaith i Seland Newydd, lle roedd y golygfeydd yn odidog a'r trigolion lleol yn gyfeillgar. Roedd y golygfeydd yn odidog yn Everest hefyd, ond roedd yr amgylchiadau a'r amgylchedd yn ei wneud yn anoddach eu gwerthfawrogi. Ac mae Gwen yn hoffi cerdded er mwyn y pleser, nid y sialens.

Ar y ffordd i 'base camp' Everest yn 2002

Ar ben mynydd yng nghwmni ffrindiau a theulu y mae Gwen yn ei helfen. Mae'n aelod ffyddlon o Glwb Mynydda Cymru, ac yn mwynhau'r cyfeillgarwch a'r sgwrsio wrth gerdded yn ogystal â'r golygfeydd. Mae'n nofwraig selog hefyd, ond pan holais hi pa un o'r ddau beth roedd hi'n ei hoffi fwyaf, doedd dim amheuaeth ganddi: mae hi'n nofio ym Mhlas Menai ddau fore'r wythnos i gadw'n iach i allu mwynhau'r cerdded am gyn hired â phosib yn ei bywyd! Yn wahanol i mi, sy'n llusgo fy hun i ben rhyw fynydd, a thynnu llun cyn rhowlio yn ôl i lawr yn falch fy mod wedi cyflawni rhywbeth, nid yw Gwen yn teimlo bod yn rhaid cyrraedd y copa na chyflawni unrhyw gamp, dim ond mwynhau diwrnod allan yn yr awyr iach yng nghwmni ffrindiau. Rhywbeth cymdeithasol yw cerdded iddi; fyddai hi byth ystyried mynd allan i gerdded ar ei phen ei hun. Nid yw hyn yn rhyfeddod i unrhyw un sy'n ei nabod, gan mai rhywbeth cymdeithasol yw bywyd i gyd i Gwen.

Pan oeddwn yn iau roeddwn i'n ei weld yn rhyfedd fod Gwen yn byw ar ei phen ei hun. Phriododd hi erioed. Rwy'n siŵr ei bod yn unig weithiau, ond eto, prin fod ganddi'r amser i fod yn unig gan fod ei dyddiadur wastad mor llawn rhwng gwahanol giniawau gyda ffrindiau neu deulu, ei gwaith elusennol, neu ei gwaith yn helpu'r Blaid yn ardal Bangor. A phan fydd ganddi eiliad i ddianc oddi wrth y byd, mae'n byw yn y man delfrydol i allu eistedd yn ôl a mwynhau gogoniant Eryri o'i hencil yn nhopiau Rhiwlas.

Gan nad oedd gan Gwen blant ei hun, prin iawn oedd y teganau i ni chwarae â nhw pan fydden ni'n ymweld â Rhiwlas yn blant. Roedd Gwelfor, ei chartref ers 1979, yn llawn o drugareddau wedi'u casglu dros y blynyddoedd ar ei theithiau i bedwar ban, a fy hoff 'drugareddyn' i oedd y ddol, neu'r doliau, Rwsiaidd. Trysor arall a gedwid yn Gwelfor ar gyfer ein hymweliadau oedd y llyfr *Congrinero*. Ddarllenoch chi'r llyfr hwnnw gan

David Wyn Meredith erioed? Y tu mewn i gopi Gwen mae'r awdur ei hun wedi ysgrifennu: 'I Sion ac Elin – i'w ddarllen yn Gwelfor'. Stori yw hi am lygoden fach o'r enw Congrinero sy'n mynd ar antur, a'i fam yn ei rybuddio i wylio rhag Tomos Tylluan sy'n hoff o fwyta llygod, gan ei atgoffa nad yw pob anifail yn y goedwig yn ffrind. Ar ei daith mae Congrinero'n llwyddo i helpu Pliwsyn y dylluan fach, ac erbyn diwedd y stori mae pob anifail yn y goedwig, gan gynnwys Tomos Tylluan, yn ffrind i Congrinero. Roedd o, fel Gwen, yn gwneud ffrind o bawb ym mhob man ar ei deithiau!

A dyna fi wedi trio rhoi darlun i chi o Gwen Aaron, chwaer fach Dad. Rydw i wedi dysgu llawer am fy modryb wrth fynd ati i sgwennu hwn, ond doedd hi ddim yn broses rwydd. Mae cof fy nhad yn ddiarhebol o wallus, felly prin iawn oedd yr hanesion oedd ganddo am ei phlentyndod (roedd Dad yn taeru i Gwen fod yn Israel am flwyddyn, tra oedd Gwen yn gwbl sicr mai dim ond am fis y bu hi yno!). Yr unig ateb a gawn gan eraill pan holwn i nhw am eu hatgofion, sylwadau neu straeon oedd bod Gwen bob amser yn gwenu ac yn frwdfrydig dros beth bynnag fyddai ei hymgyrch neu ei hantur ddiweddaraf – ac roeddwn i'n gwybod hynny eisoes!

Gobeithio i'r rhai ohonoch sy'n nabod Gwen nabod fy narlun innau ohoni, ac efallai ddysgu un neu ddau o bethau newydd amdani. A gobeithio i'r rhai ohonoch sydd *ddim* yn ei hadnabod . . . wel, dwi'n amau a oes y ffasiwn bobl yn bod. Ydw i wedi sôn fod Gwen yn nabod PAWB?!

Cadair Bodo Jini

Bethan Jones Parry

'Gyfeillion! Dros yr *holl fyd!*' Dyna, yn ôl chwedloniaeth y teulu acw, sut y dechreuodd modryb fy nhad ei haraith ar Faen Llog Gorsedd Llydaw yn 1951, ar ôl iddi dderbyn Urdd Anrhydedd am ei haelioni yn rhoi cadair i'r Orsedd yno.

Tydw i ddim yn ei chofio hi. Bu Bodo Jini farw yn 1959 pan oedd hi'n 85 oed a finnau'n ddyflwydd, ond yn ôl pob sôn roedd hi'n goblyn o ddynes, a hynny am sawl rheswm. Mi glywais i lawer o straeon amdani trwy gydol fy mhlentyndod, ac o'r diwedd dyma benderfynu ceisio dod i'w hadnabod yn well a chael ateb i'r cwestiwn mawr ac amlwg, sef pam gebyst fod Bodo Jini wedi rhoi cadair i Orsedd Llydaw?

Mae papur newydd *Y Cymro* ar 10 Awst 1951 yn nodi bod 'Jane Roberts' wedi cyflwyno cadair i Orsedd Llydaw yn Eisteddfod Genedlaethol Caerffili yn 1950, ac o'r herwydd wedi cael ei hurddo er anrhydedd yng Ngorsedd Llydaw dan yr enw 'Mam Arfor' yn 1951. Fe gafodd sawl enw arall yn ystod ei hoes. 'Brenhines Mallwyd' fyddai hi'n cael ei galw pan oedd hi'n wraig weddw yn byw ym Mallwyd, y pentref bychan ar gyffordd yr A470 a'r A458 i gyfeiriad Machynlleth neu'r Trallwng. Nid teitl parchus a roddwyd iddi am ei bod hi'n ymgorfforiad o 'fwynder Maldwyn' oedd hwn; mae holi aelodau'r teulu ac eraill sy'n dal i'w chofio yn cadarnhau mai dynes go 'anodd' a go grand (yn ei thyb hi ei hun, beth bynnag) oedd Bodo Jini. 'Roedd hi wastad yn gwisgo côt ffwr,' meddai cyfnither fy nhad, Awesta Vaughan, wrtha i. 'Dwi'n ei chofio'n iawn yn gwisgo'r gôt a het grand a tseini a wats aur, a dyna pam roedd hi'n cael ei galw'n Frenhines Mallwyd – ond nid i'w hwyneb, cofiwch. Fase neb yn meiddio gwneud hynny!'

Mae teulu fy nhad ar ochr ei fam yn hanu o ardal y Foel, Mallwyd a Dinas Mawddwy yn yr hen sir Drefaldwyn. Fe fyddai fy nhad yn mynnu ein bod ni'n ddisgynyddion o Wylliaid Cochion Mawddwy a Mari Waedlyd, sef merch hynaf Harri'r Wythfed. Stori arall fwy cymhleth byth yw honno, ond gall egluro pam fod siarad plaen yn nodwedd o gymeriad Bodo Jini a sawl aelod arall o'r teulu hyd heddiw!

Roedd Brenhines Mallwyd yn ferch i William a Margaret Roberts, Garthinog, Mallwyd. 'Gwas fferm a labrwr' sydd ger enw fy hen daid yng nghyfrifiadau'r 19eg ganrif, ac erbyn cyfrifiad 1891 roedd yn briod â'm hen nain ac yn byw yn Nhŷ Capel Bethsaida, Mallwyd. Roedd ganddyn nhw bump o blant bryd hynny, sef Margaret, Jane (Bodo Jini, a anwyd yn 1874), John, Evan ac Edith. Ganwyd fy nain i, Mary Roberts, y flwyddyn ddilynol, yn 1892.

Doedd Bodo Jini ddim yn byw adref yn 1891. Yn ddwy ar bymtheg oed erbyn hynny, roedd yn gweini ym Mhenantigi Uchaf ym Mallwyd. (Mae'n werth nodi wrth fynd heibio fod ei chwaer hynaf, Margaret, yn ymddangos yn y cyfrifiad yma fel Margaret Rees, a'i bod hi a'i mab Edward, oedd yn dri mis oed, yn aros efo'i rhieni ar noson y cyfrif. Roedd Margaret wedi priodi gŵr o'r enw Richard Rees a fu farw'n ŵr ifanc yn 1897, gan ei gadael hefo tri o feibion dan ddeg oed. Yr ieuengaf o'r rhain, William, oedd tad Yncl Dic, sef y canwr enwog Richard Rees o Bennal gynt.)

Ond yn ôl at Bodo Jini. Mae'n bur debyg mai trwy ei gwaith yn gweini y daeth Jane Roberts ar draws Andrew Breese, mab ieuengaf fferm Glanhannog, Carno, a fferyllydd cefnog yn y Drenewydd. Yng nghyfrifiad 1901 caiff ei chofnodi fel 'Jennie Roberts, 37, housekeeper' yn byw yn The Cross, y Drenewydd. Roedd ei meistr, Andrew Breese, bryd hynny yn 31 oed. Meistr a morwyn ai peidio, ac er gwaetha'r gwahaniaeth oedran, ymhen hir a hwyr a'r ddau bellach yn ganol oed, fe briodwyd nhw yng Nghaer yn ystod haf 1923. Roedd newid cyfenw o Roberts i Breese yn newid statws garw i Bodo Jini, ac o hynny ymlaen roedd hi'n ymwybodol iawn fod ei lle hi mewn cymdeithas ychydig yn is, o bosib, na'r angylion ond heb amheuaeth dipyn yn uwch na gweddill ei theulu.

Nid y ffaith ei bod hi bellach yn aelod o deulu go gefnog oedd wrth wraidd y newid statws yma yn unig. Roedd Andrew Breese yn aelod o'r Worshipful Company of Spectacle Makers, ac yn rhinwedd hyn cyflwynodd gais llwyddianus ym mis Rhagfyr 1912 i dderbyn rhyddfraint Dinas Llundain, gan dyngu llw 'that I am not an alien and that I am above the age of 21'. Yn ôl y teulu, roedd Bodo Jini y tu hwnt o ymwybodol a balch o ryddfraint ei gŵr. Yn dilyn ei farwolaeth yn 1933 ystyriai ei hun yn etifedd, nid yn unig i'w eiddo ond hefyd i'r anrhydedd o ddal y rhyddfraint. Byddai fy nhad yn dweud y byddai hi'n anfon teligram neu gerdyn yn rheolaidd at aelodau o'r teulu brenhinol oedd yn dathlu rhyw ddigwyddiad neu'i gilydd neu i gydymdeimlo â nhw, yn rhinwedd ei statws fel gweddw deiliad y rhyddfraint.

Efallai mai fel *housekeeper* y daeth Bodo Jini ar draws ei gŵr ond mae yna le i gredu nad oedd hi y wraig a'r weddw lanaf dan haul! Mae fy modryb Winifred yn cofio mynd efo'i gŵr, Arfon – brawd hynaf fy nhad ac offeiriad efo'r Eglwys Anglicanaidd – i weld Bodo Jini yn ei chartref yn Gwalia, Mallwyd, a chael croeso anrhydeddus oedd yn deilwng o offeiriad, ynghyd â brechdanau wedi llwydo. Er mwyn peidio brifo na chythruddo modryb ei gŵr, fe roddodd Anti Win y brechdanau yn ei bag llaw. Roedd Bodo Jini wrth ei bodd yn gweld eu bod wedi claddu'r wledd, ac fe aeth yn ôl i'r gegin i dorri rhagor o frechdanau. Y tro yma roedd yn rhaid llyncu'r penisilin!

Mae'n debyg nad oedd hi'n hoff iawn o waith tŷ. Mae sawl aelod o'r teulu wedi dweud hynny wrtha i, gan gynnwys Awesta. 'Na, doedd hi ddim yn lân – ddim yn *particular* iawn. Roedd ganddi bethau drudfawr yn ei chartref, cofiwch, ond doedd hi ddim wedi edrych ar eu holau. Dwi'n cofio fy nhad a'ch taid, oedd yn sgutoriaid ei stad, yn llosgi llieiniau drud oedd wedi'u gwneud efo llaw wrth glirio'r tŷ am eu bod nhw mor fudr.' O bosib mai'r cyndynrwydd yma i wneud gwaith tŷ oedd wrth wraidd y ffaith ei bod hi mor hoff o grwydro tai ei pherthnasau. Roedd gan sawl aelod o'i theulu 'lofft Bodo

Jini' yn eu cartref, ac er ei bod yn cael croeso ym mhobman, yn ôl pob sôn, ar ôl tua wythnos roedd pawb yn dyheu am ei gweld yn troi am adref.

Roedd fy nain, Mary, dipyn ieuengach na Bodo Jini. Roedd wedi priodi Hugh Parry, oedd â'i wreiddiau yn Nyffryn Nantlle – wedi'i gyfarfod, o bosib, trwy ei chwaer Lisi oedd yn wraig i Thomas Morgan o fferm Tŷ Mawr, Mallwyd. I'r fan honno y byddai fy nhad yn dianc o'i wyliau yn nhŷ Bodo Jini pan fyddai wedi cael llond bol ar aros efo hi. Doedd y ddau ddim yn rhyw gyd-dynnu'n dda iawn. Yn ôl Mam, fe dorrodd Bodo Jini ffon ar ei gefn un tro fel cosb am wneud rhywbeth neu'i gilydd. Ond mae'n cofio iddo ddweud unwaith ei fod wedi gollwng y brêc ar ei char, felly roedd o bosib yn llawn haeddu cael ei gosbi!

Roedd Nain a Taid yn byw yn y Gors, bwthyn gwyngalchog efo drws coch ryw hanner ffordd rhwng Llanllyfni a Phen-y-groes. Chwarelwr, clochydd a dyn casglu sbwriel oedd fy nhaid, ac yn gymeriad cadarn oedd wedi gweld pethau llawer gwaeth na Bodo Jini ar faes y gad yn Passchendaele a'r Dardanelles yn ystod y Rhyfel Byd Cyntaf. Yn ôl Mam, mi roedd pethau'n gallu bod yn go danllyd rhwng Bodo Jini a'i brawd-yng-nghyfraith pan fyddai'n dod ar ei hald i'r Gors. 'Doedd hi ddim yn cael bod yn wraig fawr gan Taid,' meddai Mam. 'Roedden nhw'n dadlau ac yn ffraeo'n aml a dwi'n cofio un ffrae am herwgipio babi Lindbergh yn America, o bopeth. Dyn a ŵyr pam! Beth bynnag, roedd Bodo Jini wedi gwylltio cymaint nes iddi gyhoeddi ei bod wedi ailfeddwl ynglŷn â rhoi "rhodd hael" i Arfon i fynd i'r brifysgol ym Mangor. Roedd hi wedi meddwl yn wreiddiol, meddai, rhoi'r swm o bum swllt iddo. Mi wylltiodd dy daid yn gacwn, gan ddweud wrthi am gadw'i phres gan na fuasai pum swllt hyd yn oed yn y dyddiau hynny yn mynd ymhell yn y coleg.'

Bellach, mae gennych chi (gobeithio) ryw fras ddarlun o gymeriad a chefndir Bodo Jini. Rŵan, hanes Gorsedd Llydaw a'r gadair!

Dyw Gorsedd Llydaw ddim yn hen iawn. Sefydlwyd hi'n ffurfiol mewn cynulliad ger Guingamp (Gwengamp mewn Llydaweg) ar y cyntaf o Fedi 1900, yn dilyn cyfarfod yng Nghaerdydd yn 1899 i drafod creu sefydliad go debyg i Orsedd Cymru. Er bod yna gysylltiad agos rhwng Gorseddau Cymru a Llydaw o'r cychwyn cyntaf, mae hanes Gorsedd Llydaw yn un llawer mwy helbulus, yn enwedig felly yn ystod cyfnod yr Ail Ryfel Byd a'r blynyddoedd a'i dilynodd.

Roedd François Jaffrennou, 'Taldir' a rhoi iddo'i enw gorseddol, wedi bod yn Archdderwydd ar Orsedd Llydaw er 1933. Fel amryw o Lydawyr eraill roedd yn genedlaetholwr brwd, ac ar ôl y rhyfel cafodd rhai Llydawyr, gan gynnwys Taldir, eu cyhuddo o gydweithio â llywodraeth Vichy, oedd yn gefnogol i'r Natsïaid. Bu'n rhaid i Taldir roi'r gorau i fod yn Archdderwydd a chafodd ei garcharu gan lywodraeth Ffrainc am gydweithredu efo'r Almaenwyr, cyn cael pardwn wedi i Brydain ac Israel eiriol ar ei ran. Ar ôl y rhyfel aeth y Llydawyr ati i geisio adfywio'u Gorsedd, ac roedd nifer o Orseddwyr ac eisteddfodwyr o Gymru'n fwy na pharod i roi help llaw yn hyn o beth. Dyma pam yr aeth cynrychiolaeth o'r Orsedd dan arweiniad Cynan draw i Lydaw yn Ebrill 1950 ar gyfer ailsefydlu Gorsedd Llydaw.

Roedd gan y *Western Mail* 'special correspondent' ar y daith, sef gohebydd o'r enw Janet Evans. Dyma oedd ganddi i'w ddweud am yr ymweliad:

> The main purpose of the visit to Brittany of the Welsh bards is to re-establish the Breton Gorsedd which has not been permitted to hold any meetings since the outbreak of war. Some of the Breton bards have occasionally met in secret but until this week no open meetings had been held since the Welsh bards came to Brittany to hold a joint Gorsedd in Vannes in August 1939. The cleavage in French politics caused by the war made any Nationalist movement suspect, and the present revival of the Breton Gorsedd is entirely due to the earnest representations made to the French government by the deputation from the Welsh Gorsedd last year.

Roedd Idris ap Harri o Lanbryn-mair yn un o'r gorseddogion aeth draw i Lydaw, a thra oedd yno cafodd lyfr yn anrheg, sef *Ar C'hembraeg hep Poan* (Cymraeg heb boen) gan Per Loisel, y darpar-Archdderwydd Llydewig newydd. Bu Hedd Bleddyn, mab Idris ap Harri, yn ddigon caredig i roi benthyg y llyfr i mi, ac mae'r dudalen gyntaf, sy'n ychwanegiad a gafodd ei ludo i'r gwreiddiol gan Idris ap Harri ei hun, yn egluro'r cefndir i'r dim. (Gyda llaw, cafodd yr eglurhad ei ysgrifennu ar gefn anfoneb wag cwmni Mid-Wales Monumental Sculptury, Llanbryn-mair, Mont. Cofiwch hynny: fe fydd yn ddefnyddiol wrth i ni fwrw ymlaen i geisio datrys dirgelwch y gadair.)

'Amcan arbennig ein hymweliad â Llydaw,' meddai Idris ap Harri, 'oedd i ymgymryd arnom ein hunain fel Cyd-Orseddigion Celtaidd y cyfrifoldeb o ethol a choroni Archdderwydd Newydd i orsedd Llydaw, fel olynydd i TALDIR (y Cyn-archdderwydd) yr hwn wedi iddo gydweithredu â'r Almaenwyr ac â Llywodraeth Vichy adeg y Rhyfel 1939–1945, a orfu fynd i alltudiaeth, ag oedd ar y pryd yn Vienna. Ni feiddiai'r Llydawyr gychwyn eu Gorsedd oherwydd gormes Llywodraeth bresennol Ffrainc; ac ar y genhadaeth honno y bu i ni fyned trosodd er gwaethaf y bygythion oll. Teithiem yn ôl a blaen mewn Awyren, a threuliwyd o Ebrill y 7fed hyd Ebrill y 15fed yno. Coronwyd yr Archdderwydd ac fe Ail-Sefydlwyd Gorsedd Llydaw.'

Does dim dwywaith na fu'r Orsedd Gymreig yn gefn garw i'r Orsedd yn Llydaw yn ystod y cyfnod anodd yma, gan roi cefnogaeth a chymorth ymarferol yn ôl yr angen. Dyma, dwi'n rhyw amau, sut y daeth Bodo Jini i chwarae rhan yn y stori ddyrys yma. Ond er mwyn dilyn trywydd stori'r gadair, mae'n rhaid i ni symud oddi wrth ffeithiau at dybiaethau. Fy nghyd-dditectif yn hyn o beth oedd Hedd Bleddyn, ac mae'r ddau ohonom yn credu bod y casgliad y daethom iddo sut y daeth Bodo Jini i roi cadair i Orsedd Llydaw yn un go agos ati.

Doedd Bodo Jini ddim yn aelod o unrhyw Orsedd yn unman ond mae Mam yn cofio y byddai'n gefnogol iawn i'r Urdd, a'i bod o bosib wedi mynd ar ambell un o fordeithiau cynnar y mudiad. Roedd ganddi, felly, ddiddordeb o ryw fath yn 'y pethe'. Roedd pawb yn ardal Dinas Mawddwy a'r cyffiniau hefyd yn gwybod amdani ac yn deall yn iawn ei bod yn dipyn o wraig fawr gefnog oedd yn hoff o dynnu sylw at ei statws cymdeithasol. Saer maen oedd Idris ap Harri ac at gwmni teuluol The Mid-Wales Monumental Sculptury yn Llanbryn-mair yr âi pawb o'r ardal fyddai angen naill ai carreg fedd, enw tŷ ar lechen neu unrhyw fath arall o waith cerrig. Mae Hedd Bleddyn yn amau mai dyma sut y daeth Idris ap Harri ar draws Bodo Jini, ac mai yn sgil hynny y gofynnwyd iddi gyfrannu cadair i Orsedd Llydaw.

O ystyried popeth rydw i wedi'i glywed amdani, tydw i ddim yn synnu o gwbl ei bod hi wedi neidio ar y cyfle. Onid oedd cyfrannu fel hyn yn gwbl gydnaws â Chymraes bybyr – ac â gweddw deiliad Rhyddfraint Llundain?

Wnaeth hi ddim comisiynu cadair arbennig, beth bynnag. Mae'r lluniau sydd gen i o'r gadair a'r rhai sydd gan Hedd Bleddyn yn dangos yn glir mai '1950' sydd arni, er mai yn 1951 y cafon nhw hi yn Llydaw. Pam hynny? Mi daflodd hyn fi'n llwyr wrth i mi ddechrau ymchwilio i'r hanes. Hedd Bleddyn ddaeth i'r adwy unwaith eto.

'Fe fyddai fy nhad yn ennill llawer o gadeiriau mawr,' meddai. 'Dwi'n cofio bod ganddo 36 ar un adeg ac fe fyddai'n rhoi ambell un i ffwrdd i gapeli neu neuaddau ym Mro Dysynni. Os oedd o'n ennill cadair fe fyddai hefyd yn hoff iawn o gael pâr o ambell un, ac mae'r gadair enillodd o yn Eisteddfod Llangoed yn 1947 yr un fath yn union â'r un roddodd eich modryb i Orsedd Llydaw. Mi faswn i'n rhoi unrhyw arian i lawr bod Idris ap Harri wedi licio'r gadair yn arw, ac wedi cael gwneud un arall i fatsio.'

Mae Hedd Bleddyn yn amau, felly – a phwy ydw i i

anghytuno? – mai dyma'r gadair roddwyd i Orsedd Llydaw gan Bodo Jini, a'i bod yn gadair ar gyfer yr Orsedd yn gyffredinol ac nid ar gyfer un gystadleuaeth benodol. Mae'r *Cymro*'n nodi bod y gadair wedi'i chyflwyno'n swyddogol yn ystod Eisteddfod Genedlaethol Caerffili yn 1950. Ei chyflwyno, nid ei chludo dramor, sylwch; y flwyddyn ganlynol y cafodd Bodo Jini wahoddiad i Lydaw i gael ei hanrhydeddu am ei rhodd, ac ar y bws oedd yn ei chludo hi a gweddill cynrychiolwyr Gorsedd Beirdd Ynys Prydain i Lydaw y teithiodd y gadair.

Roedd y daith dros gyfnod y Pasg 1951 yn drip a hanner. Roedd Idris ap Harri yn dipyn o newyddiadurwr, ac mi gefais ddarllen adroddiad am y daith yn y llyfr toriadau sydd ym meddiant ei fab. Yn anffodus, dyw'r toriad ddim yn nodi ym mha bapur yr ymddangosodd yr adroddiad – mae'n bosib mai darn o'r *Dydd*, papur ardal Dolgellau, oedd o gan fod Idris ap Harri wedi bod yn cyfrannu i'r papur hwnnw er 1921.

Mae'n amlwg fod y criw wedi cael hwyl. Fe gawson nhw ymweld â St Malo a Cap Fréhel, St Brieuc, Guingamp a Lorient cyn mynychu gwasanaeth Cymraeg ar Sul y Pasg yn Paimpol yng nghapel y Parch. Caradog Jones, oedd wedi gwasanaethu yno ers deng mlynedd ar hugain ac a oedd yn rhugl yn yr iaith Lydaweg. Roedd Hedd Bleddyn yn ddeuddeg oed ar y pryd, ac aeth yntau draw i Lydaw efo'i rieni a'r gorseddogion. Mae'n cofio'r daith, ac yn cofio Bodo Jini'n iawn.

'Roedd hi'n flin iawn ar y bws – doedd ganddi fawr o amynedd. Pan oedden ni'n stopio yn Llydaw i gael bwyd a phaned, roedd hi'n gofyn i bawb, "Are you going to the Eisteddfod?" – gan feddwl bod pawb yn mynd yno fel hi.'

Cynhaliwyd yr Orsedd fore Llun y Pasg, ac ar ôl taith o awr a hanner o Roazhon (Rennes) fe gyrhaeddodd y fintai bentref bychan Tréhorenteuc ynghanol Coed Broseliawnd, lle roedd cannoedd yn eu disgwyl. Yn ôl yr adroddiad yn *Y Cymro*, ar ôl gwasanaeth crefyddol dwyieithog yn yr awyr agored gorymdeithiodd pawb 'tua Dyffryn yr Annychweledig, lle dywedir y gorwedd y dewin Myrddin. Cychwynnodd yr orymdaith gyda'r pibau Llydewig ar y blaen yn canu "Gwŷr Harlech" ac alawon eraill nes dod ohonom i enau ffordd gul leidiog. Arosai yno gerbydau a dau eidion yn eu tynnu. Dechrau cerdded drachefn. Cyrraedd Cylch yr Orsedd ar ben y bryn, ar ddwy ochr yr hwn yr oedd ceunant dwfn a meini'r Orsedd fel gwylwyr unig bedd Myrddin.'

Cafodd Hedd Bleddyn ei urddo'n ddisgybl i Orsedd Llydaw yr un pryd ag y derbyniodd Bodo Jini ei hanrhydedd, a chymerodd ran yn y seremoni gan adrodd 'Cwm Pennant' ar y Maen Llog. Tydi Hedd ddim yn cofio araith Bodo Jini ond roedd yr araith wedi'i selio ar ei chof hi am byth. Ac mae pob aelod o'r teulu'n cofio'n dda fod Bodo Jini'n hoff o'i hadrodd, ei hailadrodd a'i hadrodd hi eto ac eto – gan ddechrau bob tro efo'r geiriau trawiadol, 'Gyfeillion! Dros yr *holl fyd*!'

A pham na ddylai hi fod yn falch o hyn i gyd, yn neno'r tad? Penstiff a balch neu beidio, fe wnaeth gyfraniad clodwiw yn rhoi'r gadair i Orsedd Llydaw, a dwi'n go falch fod un o'm perthnasau yn aelod er anrhydedd o'r Orsedd yno.

Ys gwn i ble mae'r gadair honno heddiw? Dwi wedi methu'n lân a dod o hyd iddi – gobeithio y bydd y stori yma'n fodd o gael gwybod rhagor am y gadair o Gymru a gyflwynwyd i Orsedd Llydaw.

Cadair Gorsedd Llydaw? Nage, wir. Cadair Bodo Jini.

Meinir Ceridwen Ffransis

Heledd ap Gwynfor

Os teipiwch chi enw Meinir Ffransis yn Google, fe gewch restr faith. Cyfeiria'r dudalen gyntaf ati fel 'gwraig Ffred Ffransis' ers tri deg naw o flynyddoedd, dweud sut y gwnaethant gwrdd ym Mhrifysgol Aberystwyth a throi'n eneidiau hoff cytûn ar dân dros yr iaith Gymraeg, a sut y datblygodd eu perthynas mewn protestiadau ar y cyd, mewn gweithredoedd heriol, wrth gael eu harestio ac wynebu'r canlyniadau gyda'i gilydd.

Yn is i lawr yn y rhestr cyfeirir ati fel merch Gwynfor

Evans, y pumed o saith o'i blant ef a'i wraig, Rhiannon – chwaer i Alcwyn Deiniol, Dafydd Prys, Meleri Mair, Guto Prys, Branwen Eluned a Rhys Dyrfal. Wedyn dywed sut y bu i Gwynfor a Rhiannon fagu teulu ar fferm Wernellyn, Llangadog, cyn symud i'r Dalar Wen yn Nyffryn Ceidrych, rhwng pentref Bethlehem a Llangadog, sir Gaerfyrddin.

Yna ceir cyfeiriad at ei thudalen Ffesbwc, a gwelwn ei bod yn fam i saith o blant fel ag yr oedd hithau'n un o saith. Yn anochel, felly, mae hi'n fam-gu – i un ar ddeg o blant ar y cyfrif diweddaraf. Gwell peidio rhestru enwau ei phlant na'i hwyrion yma, neu byddaf wrthi'n aildeipio llyfr *Enwau Cymraeg i Blant* Heini Gruffudd trwy'r nos!

Gellid, felly, ysgrifennu am Meinir fel mam, mam-gu, merch, chwaer a gwraig. Ond modryb yw hi i mi, a modryb nad oes mo'i thebyg.

Mae'r teulu wedi bod, ac yn dal i fod, yn hollbwysig iddi. Mae pob gronyn o'i magwraeth yn ddylanwad ar ei phlant hi; mae pob owns o'r hyn a ddysgodd Meinir yn cael ei ddysgu i'w phlant. Wedi'i magu'n un o deulu mawr, dyna ddymunodd hi i'w phlant hithau. Ei magu mewn cymuned glòs, Gymraeg yn sir Gaerfyrddin, ac ym mhentref bach Llanfihangel-ar-arth, ger Pencader, y mae hi a'i gŵr wedi creu cartref a chymuned. Yn hynny o beth, mae'n debyg i'w mam, fy nain: 'For Meinir, see Ffred . . . / for Rhiannon, see Gwynfor . . .' – eu gorchwylion yn cael eu cysylltu â'u perthynas ag eraill. Roedd Nain, ac mae Meinir, yn weithgar dros ben yn eu cymuned – boed hynny yn eu milltir sgwâr yn sir Gâr neu ledled Cymru.

Ond ni fyddai Meinir yn dymuno dim gwahanol. Mae hi bob amser yn rhoi eraill yn gyntaf, nid yn unig ei theulu ond llawer un arall. Pan oedd hi'n ferch ifanc, roedd hi wrth ei bodd gydag anifeiliaid. Roedd yn dwlu ar geffylau, a bu'n berchen ar dri ceffyl o'r enw Seren, Mali a Sionyn. Byddai o bryd i'w gilydd yn cyflwyno anifail i aelwyd Talar Wen heb yn wybod i'w rhieni, a dyna sut y cafodd Dai Evans gartref. Ci oedd Dai, un salw iawn ar hynny, a byddai wedi cael ei ddifa ar fferm cyfeilles oni bai fod Meinir wedi'i gymryd a'i guddio tu ôl i gelfi am rai wythnosau! Fe'i cofiaf â phawennau mawr tewion; du oedd lliw ei got, ond roedd ganddo fwstásh wen uwch ei geg farus a wnâi iddo edrych fel hen ddyn. Er mor anffodus ei olwg, datblygodd Dai yn dipyn o Gasanova yn nyffryn Ceidrych, gan ffrwythloni gast bedigri leol a thrwy hynny ennyn llid perchennog yr ast a fygythiodd Dai â dryll dwbwl baril. Achubwyd cam Dai ar sawl achlysur – diolch i Meinir!

LLUN: ALCWYN DEINIOL

Er bod Meinir yn eithaf eiddil o gorff ac nad oedd yn bwyta unrhyw lysiau pan oedd yn ifanc (ar wahân i ychydig o foron os oedd raid), roedd hi'n weithgar ar fferm Wernellyn a chyda'r gorau am lwytho wrth gywain gwair amser y cynhaeaf. Os cwstard wy fyddai'n bwdin, gwyddai'r teulu mai ceisio sicrhau bod Meinir yn bwyta rhywbeth maethlon oedd y nod; fel arall byddai'n byw ar losin. Mae'n dal i fwyta losin – ac ambell lysieuyn – ond dyw hi ddim yn hoff o gwstard wy hyd heddi.

Byddai nifer o'r teulu'n mynd draw i helpu gyda'r cynhaeaf gwair ond Meinir fyddai bob amser yn llwytho'r bêls ar gefn y trelyr gan taw hi oedd yr orau am wneud hynny. Byddai'r trelyr wedi'i lwytho'n dynn a thaclus ganddi bob tro, a dim risg i'r cyfan foelyd ar y siwrne 'nôl i'r tŷ gwair. Roedd wrth ei bodd yn ffermio, a dyna oedd ei huchelgais pan oedd yn 'tyfu lan'.

Mae'n siŵr y gallai fod wedi gwneud bywoliaeth tra chyfforddus ym myd adloniant hefyd. Am rai blynydd-oedd bu'n canu gyda chôr Madam Laura Lloyd Gwynn yn Llangadog, ac yn cydadrodd gydag aelodau eraill o'r teulu pan fyddai'r côr yn cynnal cyngherddau yn achlysurol. Rhiannon, ei mam, fyddai'n hyfforddi'r parti bach, ond gan fod Meinir yn arbennig o dda am adrodd neu lefaru, fe gafodd hi sawl cyfle i gymryd rhan mewn cymanfa ganu yn chwaer gapeli Capel Providence, capel y teulu yn Llangadog nes i'r teulu symud i Gapel Bethlehem. Roedd hi hefyd yn actio yn nramâu Ysgol Pantycelyn, Llanymddyfri, fel ei brodyr Guto a Rhys, ac fe barodd ei diddordeb mewn drama pan aeth i Aberystwyth i'r coleg gan berfformio mewn sawl drama Gymraeg. Roedd actio yn y gwaed gan fod ei thaid, Dan

Thomas, a'i mam yn aelodau o gwmni drama'r capel yn Lerpwl ac yna yng Nghapel y Crwys, Caerdydd, ac roedd ei hewythr, Dewi Prys Thomas, yn aelod o gwmni drama Cyngor y Celfyddydau yn y pedwardegau – rhagflaenydd Cwmni Theatr Cymru.

Daliodd Meinir i ganu yn ystod ei dyddiau coleg hefyd. Yno fe ffurfiwyd grŵp o'r enw Y Nhw, a newidiodd ei enw wedyn i'r Chwyldro. Mae'r enw'n awgrymu mai caneuon protest oedd *repertoire* pennaf y grŵp merched hyn. 'Rhaid yw eu tynnu i lawr', mae'n debyg, oedd eu cân enwocaf – cân am dynnu arwyddion ffyrdd uniaith Saesneg i lawr ar ddechrau'r saithdegau.

Nid dim ond canu am dynnu arwyddion a wnâi Meinir ond gweithredu ar y geiriau hefyd. Tra oedd yn fyfyrwraig byddai'n gweithredu'n ddi-baid gydag eraill dros yr iaith fel aelod o Gymdeithas yr Iaith Gymraeg. Un tro ar ddechrau'r saithdegau, yn ystod achos pwysig yn yr Uchel Lys yn Llundain, teithiodd criw o aelodau'r Gymdeithas o Aberystwyth i Lundain yn unswydd i dorri ar draws yr achos, ac o ganlyniad dedfrydwyd Meinir Ceridwen Evans a thri ar ddeg arall i dri mis o garchar am ddirmyg llys. Yn eu plith roedd Ffred Ffransis. I garchar Holloway yr aeth y merched (am wythnos, gan iddyn nhw gael eu rhyddhau yn dilyn apêl), a bu Meinir yn y carchar hwnnw wedyn yn ddiweddarach adeg yr ymgyrch dros sianel Gymraeg. Y pryd hwnnw, bu hi ac Enfys Llwyd yn canu mewn parti tri llais, gyda Myra Hindley wrth ochr Meinir ymhlith yr altos – y wraig a gyhuddwyd o lofruddio pump o blant yn ardal Manceinion ddechrau'r chwedegau. Byddai Gwynfor Evans, fy nhad-cu a thad Meinir, yn mynd draw i ymweld â'i ferch, a'r ddau'n cael eu hatal rhag siarad Cymraeg â'i gilydd o flaen y swyddogion yn ambell garchar!

Wedi iddi hi gael ei rhyddhau o'r carchar yn dilyn achos yr Uchel Lys (ond â Ffred yn dal dan glo), bu Meinir yn ysgrifennu ato bob wythnos – dyna a gadwai ei ffydd, sef disgwyl yr un ar ddeg o lythyrau a anfonodd hi ato. Rhyddhawyd Ffred am gyfnod byr cyn iddo wynebu dau achos arall yn Llys y Goron yn 1971; yn un ohonynt, roedd Ffred yn y doc a Meinir yn protestio trwy neidio dros ochr yr oriel i lawr i waelod y llys. Yn dilyn hynny cafodd Ffred ddwy flynedd yn y carchar; uchafbwynt y carchariad hwnnw, meddai Ffred, oedd dyweddïo hanner ffordd trwy'r ddedfryd ac yna Meinir yn bodio lan i'w weld. Cafodd Ffred fod mas am bedwar mis, a phriodwyd y ddau ohonynt yng Nghapel Bethlehem gan wybod eu bod ill dau'n wynebu Llys y Goron dair wythnos wedi'r briodas. Rhyddhawyd Ffred ym mis Mawrth 1974, a Meinir yno'n ei ddisgwyl yn ôl ei harfer.

Yn yr wythdegau, Comin Greenham oedd yn denu miloedd ar filoedd o ferched o bob oed a chefndir draw i Berkshire i brotestio yn erbyn y ffaith fod taflegrau Cruise o'r Unol Daleithiau ar y safle. Merched o orllewin Cymru oedd y rhai cyntaf i osod eu pebyll yno, a Meinir a Siân (fy mam innau) ymhlith y miloedd fu'n cysgu mewn bagiau polithîn ac yn treial torri trwy'r ffensys a amgylchynai dir y fyddin. Erbyn hynny roedd gan Meinir bedwar o blant. Yr ieuengaf ohonynt oedd Hedd Gwynfor, a oedd tua teirblwydd oed ar y pryd, ac arestiwyd Meinir am beintio 'Hedd' ar un o ffyrdd Greenham, a arweiniodd at garchariad byr unwaith eto.

Ydi, mae hi'n dal i siarad yn gyhoeddus, yn lobïo, yn boicotio pan fydd gofyn – does dim un lecsiwn wedi'i chynnal heb iddi fod yn cerdded milltiroedd yn cnocio drysau a chanfasio dros Blaid Cymru. Gweithredwraig yw Meinir! Esbonia'i rhesymau:

> Pan sylweddolir yr argyfwng, a bod pob dull cyfreithlon wedi'i ddefnyddio, un dull o weithredu sydd wedi'i amlygu ar hyd y canrifoedd gan bobol sy'n credu'n gryf mewn rhywbeth yw torri'r gyfraith, wynebu'r canlyniadau, a defnyddio'r achos llys fel llwyfan i esbonio'ch gweith-redoedd – codi ymwybyddiaeth a dangos pa mor ddifrifol yw'r sefyllfa. Ystyriwn ein hunain yn nhraddodiad Martin Luther King a Mahatma Ghandi – nhw wnaeth boblogeiddio'r dull di-drais i genhedlaeth y chwedegau.

Mae pawb yn nabod Meinir mewn gwahanol ffyrdd – merch Gwynfor, gwraig Ffred, y ferch benfelen mewn lluniau papur newydd, yn protestio, yn cael ei harestio. Yr eironi yw nad yw hi, mwy nag oedd ei mam, Rhiannon, yn dymuno cael sylw; mae'n casáu cael ei llun wedi'i dynnu a dyw hi ddim yn gallu ymdopi â thyrfa fawr o bobol. Ond sylw mae hi wedi'i gael, oherwydd mae gweithredu yn ei hanfod yn denu sylw. Trwy'r cyfan, yr hyn sy'n bwysig i Meinir yw denu sylw at y weithred a'r achos.

Tomboi fu Meinir erioed, a'r gwirionedd creulon i'w merched hynaf yw mai dyheu am gael bachgen roedd Meinir – tan i Hedd Gwynfor, y pedwerydd plentyn, gyrraedd! Gyda chynifer o blant, wnâi dyfodiad un neu ddau blentyn arall ddim gwahaniaeth yn y byd iddi. Byddwn wrth fy modd yn ymweld â chartref Dolwerdd, chwarae gemau lan lofft, rhedeg yn wyllt o amgylch y pentref, a gwybod na fyddai Meinir yn ein poeni. Roedd e'n deimlad braf gallu bod yn rhydd o amgylch y tŷ – y tŷ mwyaf swnllyd erioed – a Meinir yn gadael i'r ffair hon ddigwydd o dan ei thrwyn, a gwên fawr ar ei hwyneb. Roedd hi'n gwylltio gyda'i phlant ei hun, a byddwn yn ofni bryd hynny wrth ei chlywed yn codi'i llais. Ond gwyddwn hefyd, petai hi'n edrych ar y teledu fyddai dim ots petai bom yn disgyn yn y stafell, fyddai Meinir ddim yn sylwi.

Ro'n i'n dwlu mynd draw i aros yn Dolwerdd hefyd oherwydd eu ffordd anghonfensiynol o fwyta. Doedd dim raid eistedd wrth y bwrdd bwyd – doedd *ganddyn* nhw ddim bwrdd bwyd! Cefais sioc yn lled ddiweddar pan gerddais drwy'r stafell eistedd yno a mynd am y gegin, a gweld bwrdd wedi'i osod yn y 'stafell fwyta' – roedd criw teledu'n dod draw, felly bu'n rhaid newid y trefniadau arferol!

Meinir fyddai'r gyntaf i ddweud nad yw'n gogydd – er ei bod yn gwneud cawl a blodfresych cawslyd bendigedig! Bwyd pecyn o'r rhewgell a berwi llysiau/ffrio sglodion yw'r ddeiet gan fwyaf, a phan ddaw'r floedd fod y bwyd yn barod, byddwn yn rhuthro i'r gegin, yn gafael mewn plât a helpu'n hunain, yn ceisio bod y cyntaf i gyrraedd y stafell fyw er mwyn cael dewis y sedd orau cyn iddynt lenwi i gyd.

Meinir yw'r person lleiaf ffyslyd dwi'n ei nabod. Efallai mai'r ffaith ei bod yn aelod o deulu mawr a bod ganddi gynifer o blant sy'n ei gwneud yn fwy *laid back* na'r rhelyw. Does dim angen rhoi'r llestri heibio; does dim panic os arllwysir diod ar y llawr, dyw hi ddim yn ddiwedd y byd os torrir gwydr, ac mae'r chwyn ar gyrion y lawnt yn ychwanegu at ei gymeriad. Pan gafodd ei chyfweld ar y teledu fel gwraig wadd ar raglen Elinor, ei merched sicrhaodd ddillad, sgidie a lliw gwallt newydd iddi. Doedd Meinir yn poeni dim.

Mae hi a Ffred wedi bod yn rhedeg cwmni Masnach Deg o'r enw Cadwyn o'u cartref ers blynyddoedd. Maent yn gwerthu nwyddau a chrefftau o Gymru a gwledydd datblygol gogledd a gorllewin yr Affrig, dros y we a hefyd ar stondinau mewn canolfannau siopa ledled gwledydd Prydain yn ystod yr wythnosau sy'n arwain at y Nadolig. Fedra i ddim meddwl am lawer o rai ifanc sydd ddim wedi bod yn gweithio gyda Cadwyn ar ryw bwynt yn eu bywydau! Dechreuais i weithio gyda Cadwyn yn fy arddegau cynnar, a than yn ddiweddar roeddwn yn gweithio'n rhan-amser iddyn nhw. Meinir yw person y cyfrifon, yr un sy'n delio â gwerthiant y llwyau caru Cymreig (hynod o boblogaidd yn yr Unol Daleithiau, gyda llaw) – a'r un sy'n cadw'r heddwch. Bron yn feunyddiol bydd aelod o ryw gymdeithas neu'i gilydd yn galw i mewn er mwyn gofyn ei chyngor, ac mae hi wastad yn barod ei chymwynas ac yn rhoi o'i hamser.

Gellir siarad am unrhyw beth a phopeth gyda Meinir – am rygbi, am deledu, am wleidyddiaeth ac am ei chymdeithas. Mae'n siarad gyda'r ieuengaf a'r hynaf fel ei gilydd. Rydych chi eisiau bod yn ei chwmni. Mae'n fodryb hamddenol a hwyliog.

Fe'i cedwir yn brysur gyda Cadwyn o hyd, ond erbyn

hyn ei hwyrion sy'n llenwi llawer o'i hamser. Mae plant fel 'sen nhw'n rhan annatod ohoni, ac maen nhw'n dwlu arni, fel ag yr ydw innau.

Modrabedd

R. Alun Evans

Braidd yn esgeulus oeddwn i efo'm modrabedd. Dim
ond bob mis Awst y byddwn i'n eu gweld nhw – Anti
Meri Stiniog, Anti Lizzie, Anti Poli, Anti Agnes, Anti
Blanche ac Anti Mim. Fe'u collais nhw cyn dod i wybod
eu hanes yn iawn. Dyna'r esgeulustod.

Fe sonia i fwy am ddwy ohonyn nhw. Chwaer i Nhad
oedd Anti Meri Stiniog. O deulu Mam y deuai Anti Mim.
Dyna'r ddwy.

Roedd 'na Anti – sori, Auntie – arall hefyd o deulu
Mam, sef Auntie Goch. Fe griais i'n ddychrynllyd pan
ddaeth y neges ei bod hi wedi marw. Pump oed oeddwn
i ar y pryd, ac yn meddwl eich bod chi i fod i grio o golli
perthynas. Ond doedd Mam ddim yn crio, na mrawd
mawr i chwaith. Felly fe sychais i'r dagrau'n reit handi.
A deud y gwir, toeddwn i ddim yn arbennig o hoff o'r
ymadawedig! Yn un peth, fedrai hi ddim dweud
'Dolgellau' a hithau wedi byw yn y Ganllwyd, bum
milltir i ffwrdd, ers blynyddoedd. Nid yn unig fedrai hi
ddim dweud enw'r dre ond toedd hi ddim am wneud
unrhyw ymdrech i'w ddweud yn iawn chwaith. Saesnes
ronc oedd Auntie Goch. 'Dolgethley' oedd ei chynnig
am y dre; 'Gantlwd' oedd ei chynnig agosaf am ei chartre
mabwysiedig. A chyfeiriai ati ei hun, er mawr

ddifyrrwch i mi yn bump oed, fel 'I'm your Auntie Gawk'.

O dras Seisnig y deuai Mam, ei thad wedi'i eni yn Swydd Amwythig. Fe gollodd ei mam yn gynnar. O dref yn Swydd Hertford – neu 'Itchin Arts' fel y swniai Hitchin, Hertfordshire i mi – y deuai'r nain na wnes i rioed mo'i nabod. Ai perthynas i Mam o ochor ei mam hithau oedd Auntie Goch? Wn i ddim. A pham roedd hi'n Goch? Fe wn i'r ateb i hynny. Yn syml, am fod ganddi wallt coch pan oedd hi'n ifanc. Ond roedd hi'n sobor o anodd credu fod yr Auntie hon erioed wedi bod yn ifanc. Heddwch i'w llwch.

Roedd Anti Mim yn haws i'w goddef. Talfyriad am 'Miriam' oedd Mim. Fe ddaeth hi i'r Ganllwyd fel rheolwraig gwesty Ty'n-y-groes, heddiw'n dŷ potas ar fin y ffordd fawr rhwng Dolgellau a Thrawsfynydd. Bron ganrif yn ôl, yn nau a thridegau'r ganrif ddwaetha, roedd Ty'n-y-groes yn westy gwahanol iawn i'r hyn ydi o heddiw. A phobl go wahanol, debyg, oedd yn dod yno ar wyliau. I'r anghyfarwydd, pentref tawel oedd Ganllwyd bryd hynny. Chydig iawn o draffig fyddai'n mynd heibio. Byddigions yn unig fedrai fforddio car; byddigions hefyd fedrai fforddio gwyliau. Byddent yn dod i'r ardal i gerdded, i bysgota ac i weld rhai o'r rhyfeddodau lleol fel y Rhaeadr Ddu, olion yr hen frenhinbren a gweithfeydd aur y Clogau a Gwynfynydd.

Mae canrif, bron, ers i Anti Mim adael ei chynefin yng nghanoldir Lloegr – Hanley, ger Stoke-on-Trent – i ddod i Gymru. Gwraig eiddil a'i gwallt wedi gwynnu oedd hi pan dwi'n ei chofio. Hi oedd ail wraig 'Grandad'. Cipar afon oedd o, wedi'i eni yn Swydd Amwythig, ac fe fu ym

Meirionnydd ar ddau gyfnod. Yn y Ganllwyd y ganed Mam, a phan nad oedd hi ond ychydig fisoedd oed aeth fy nhaid i gipera i Swydd Caint. Mam yn taeru yno un tro mai Cymraes oedd hi am mai yng Nghymru y cawsai ei geni. 'Don't be silly, girl,' oedd yr ymateb, 'Jesus Christ was born in a stable but he wasn't a horse!'

Ond yn ôl i'r Ganllwyd y daeth Grandad wedi iddo golli ei wraig gyntaf, i gipera ar stad Gelligemlyn. 'Mhen amser priododd ag Anti Mim a oedd, fel y soniais, yn rheolwraig gwesty lleol. Roedd hi'n 'ledi' yn yr ystyr orau – yn wraig fonheddig, fedrus.

Anti Mim a fi tua 1948

Er ei heiddilwch, fe glywais ei bod hi'n gadarn yn ei gwaith a chafodd sawl gwas a morwyn flas ei thafod os nad oedd y cyfan o'r safon uchaf. Gan ei bod yn rheolwraig gwesty a oedd yn darparu ar gyfer byddigions, byddai'n awyddus i gynnig bwydlen ddeniadol gan ddefnyddio cynnyrch lleol. Heb sôn am gwningod a sgwarnogod a chig carw, byddai 'Eog y Fawddach' yn tynnu dŵr o'r dannedd. Gwyddai Anti Mim pwy oedd y potsiars y gallai ddibynnu arnyn nhw i ddal pysgod. Teulu Tŷ Cerrig – teulu Nhad – oedd rhai ohonyn nhw. Y rhan fwya ohonyn nhw, beryg. Gwyddai Anti Mim hefyd pa mor bwysig oedd o iddi hi beidio â dweud wrth y cipar pwy fu'n ysbeilio'r afon!

Wn i ddim yn union sut y perthynai ond roedd Anti Mim yn llinach teulu Wedgwood, y teulu y mae ei serameg, yn llestri a chrochenwaith, yn enwog trwy'r byd. Josiah Wedgwood (1730–95), 'The Father of English Potters', a sefydlodd y cwmni yn Burslem, Swydd Stafford. Pwysicach i mi, fodd bynnag, oedd bod Anti Mim yn adnabod Stanley Matthews, y pêl-droediwr. Hwn oedd fy arwr i yn blentyn bach. Yn bymtheg oed fe ddechreuodd chwarae pêl-droed yn broffesiynol am bunt yr wythnos i Stoke City, ac ennill 54 o gapiau i Loegr a medal enillwyr Cwpan Lloegr gyda Blackpool yn Wembley yn y 'Matthews Final' yn 1954. Flynyddoedd cyn hynny, a chyn iddo gael ei urddo'n farchog, roedd Anti Mim wedi gofyn iddo am ei lofnod i mi. Ar gerdyn post fe ysgrifennodd 'Best Wishes. Stanley Matthews'. Bu'r cerdyn hwnnw yn un o drysorau fy mhlentyndod a'm llencyndod. Welais i erioed mo Matthews yn chwarae yn y cnawd, er iddo barhau ar y lefel uchaf nes ei fod yn hanner cant oed, ond fe'i gwelais ar deledu yn ennill Cwpan Lloegr yn 1954. Fe'i cyfarfyddais unwaith pan ymwelodd â'r BBC ym Mangor yn nawdegau'r ganrif ddwaetha. Soniais wrtho am Anti Mim ac am y llofnod a'r cyfan erbyn hynny 'yn llwch yr amser gynt'. Cyd-ddigwyddiad diddorol yw mai ar gae pêl-droed Stoke City, yr hen Victoria Ground, y gwneuthum innau fy sylwebaeth olaf ar gêm bêl-droed i Radio Cymru. Y pnawn hwnnw, cyn gadael, fe gofiais am Syr Stanley Matthews. A chofio am Anti Mim.

Fe ddwedais ar y dechrau mai dim ond bob Awst y gwelwn i fy modrabedd. Y rheswm am hynny oedd mai i'r Ganllwyd y byddem yn mynd yn flynyddol ar ein gwyliau haf. Pedwar ohonon ni oedd 'na, a phob un a'i gês wedi'i bacio am fis. Car cymydog i ddechrau o'r tŷ i stesion Llanbryn-mair. Trên wedyn i Fachynlleth. Bws o fan'no i Gorris. Bws arall am Ddolgellau. A bws Blaenau Ffestiniog i'n cludo ni i'r Ganllwyd. Diwrnod cyfan i deithio deg milltir ar hugain.

Wedi cyrraedd y Ganllwyd rhaid oedd rhannu'n ddwy garfan. Byddai Nhad a mrawd mawr, Wynn, yn aros yn Nhŷ Cerrig. Y tyddyn lle ganed Nhad oedd fan'no. Mam a minnau'n aros nos yn Nhy'n-y-coed, gwta filltir i ffwrdd. Yno roedd ei thad yn byw efo'i ail wraig, haid o gŵn hela a'r mwydriad o fodrabedd.

Digon tebyg oedd patrwm y gwyliau o flwyddyn i flwyddyn – diwrnod yn y Bermo, diwrnod i ddringo Cadair Idris, diwrnod i gerdded y Precipice Walk i gyfeiriad Llanfachreth, dyddiau yn ôl y galw yn y c'naea gwair . . . a rhai dyddiau ym Mlaenau Ffestiniog efo Anti Meri ac Yncl Barrow.

Chwarelwr oedd Barrow Davies. Bob pnawn, a'u diwrnod gwaith ar ben, fe gerddai'r chwarelwyr yn eu sgidiau hoelion mawr i lawr Lord Street am adre. Fe fyddwn innau'n eu gwylio mewn rhyfeddod ac fe glywa i sŵn yr hoelion y munud 'ma. Y dynion yn ffarwelio efo Barrow yn Nymbar 4, ac Anti Meri wedi paratoi swper chwarel iddo fo.

Un noson, doedd Anti Meri ddim yn teimlo'n dda. Yn wir, roedd ei hiechyd wedi torri ers rhai blynyddoedd a gofynnwyd i mi i fynd i'r siop tships i gael bowlen fawr o sglodion. 'Wyt ti'n gwybod ble mae hi?' meddai Anti Meri. Wrth gwrs fy mod i. Dim ond rownd y gornel oedd hi. Felly, i ffwrdd â mi efo bowlen yn fy llaw a hanner coron yn fy mhoced. Rhyngoch chi a fi roeddwn i'n teimlo'n falch fod Anti Meri wedi ymddiried ynddo i. Cerddais yn hyderus ar fy neges, yn sgolor seithmlwydd gan droi i mewn i'r siop. Roedd hi'n brysur yno a minnau'n aros fy nhro. Ac aros y bûm i am hydoedd. Dynion yn unig oedd 'no wrth y cowntar, dynion yn mynd a dod heb aros eu tro yn y ciw. 'Mhen hir a hwyr dyma ddynes o'r tu ôl i'r cowntar yn gofyn, 'Be tisio, ngwas i?' 'Llond bowlen o tships, plis,' atebais innau. A'r dynion oedd yno yn chwerthin am fy mhen i. 'Drws nesa ma'r siop tships!' ges i. Roedd y sgolor wedi methu'n o arw ac wedi mynd i mewn i'r dafarn! O gyrraedd yn ôl i Nymbar 4 Lord Street, holai Yncl Barrow, 'Lle gebyst y buest ti mor hir?' Ond synhwyrodd Anti Meri fod angen achub cam y bychan, a rhoddais y fowlen a'r newid yn ei llaw.

Dyna pryd y sylwais i fod pen un o fysedd Anti Meri yn fyr. Flynyddoedd yn ddiweddarach, yn wir bron ddeng mlynedd a thrigain yn ddiweddarach, daeth i'm meddiant becyn o lythyrau rhwng fy nhad a'i fam yntau. Yn un o'r llythyrau hynny oddi wrth Nain at fy nhad, ac yntau yn ffosydd Ffrainc yn y Rhyfel Mawr, mae'r cofnod yma: 'Mae Mary wedi colli pen ei bys ac yn yr hospitol.'

Sut y bu'r anffawd, wn i ddim. Ond fe wn i mai Anti Meri Stiniog oedd yr hyna o'r tri phlentyn a gafodd Nain. Yr ail blentyn oedd Yncl William. Yn y barics yng Nghefn Coch roedden nhw'n byw pan aned Mary. Roedd 'na gloddio am aur wedi bod yng Nghefn Coch. Meddyliwch, wir, am yr eironi – cloddio am aur a byw mewn barics.

Er mwyn mynd i weithio yn y gwaith aur y symudodd fy nhaid o fwthyn Nant yr Eira yng nghwm Cynllwyd ym mhlwy Llanuwchllyn. Symud wedyn i'r Gwndwn a symud eto i Dŷ Cerrig pan fu Nhaid yn saer ym Mhlas Dolmelynllyn. Bu farw ar y dydd ola o Awst 1895 pan nad oedd fy nhad yn ddim ond pum mis oed. Felly roedd Anti Meri, yn ferch ifanc, wedi helpu tipyn i fagu'r cyw melyn ola. Ar ddydd ola Mawrth 1895 y ganed Nhad; fodd bynnag, pan fydden ni'n mynd i'r Blaenau hanner canrif yn ddiweddarach, byddai Anti Meri'n tynnu coes ei brawd bach mai ar ôl hanner nos, a hithau erbyn hynny'n Ebrill y cynta, y ganed o mewn gwirionedd!

Gweini yn rhai o'r mân blasau ym Meirionnydd y bu Anti Meri cyn priodi; tendio ar y byddigions orau medrai hi, er mai prin iawn oedd ei Saesneg. Digon prin y deuai hi wyneb yn wyneb â'r bobol fawr. Prin iawn oedd ei chyflog hefyd. Clirio llofftydd, newid dillad gwlâu a helpu yn y gegin fyddai ei thasgau. Ond os mai fel 'morwyn fach' y cawsai ei chyflogi, gwnaeth enw iddi'i hun fel cogyddes cacennau priodas a llwyddodd i ychwanegu ceiniog neu ddwy reit dderbyniol at ei chyflog pitw yr un pryd. Yng nghapel bach yr Annibynwyr, Libanus, y bu ei phriodas hi ei hun. Ai Mr Howells oedd y gweinidog, tybed, yntau'r Parchedig Owen Davies? 'Davies y Ganllwyd' oedd hwnnw i'r rhan fwyaf o bobl; Nhad, yn ei blentyndod, a'i galwodd yn 'Davies y gannwyll'. Roedd o'n nes ati na'r rhelyw oherwydd fe oleuodd y bugail da hwn y ffordd i lawer.

Anti Meri gydag Yncl Barrow (chwith) a Nhad

Aeth Anti Meri i fyw at 'y chwarelwrs' yn y Blaenau. Oedden nhw'n bobl mor galed â'r graig yr oedden nhw'n ei naddu? Diddorol fu darllen rhybudd Nain i Nhad, pan dderbyniodd o alwad i un o gapeli Stiniog, yn y pecyn llythyrau rheiny a ddaeth i'm rhan. Ar y pryd roedd Nhad yn weinidog yn yr Hendy, Pontarddulais. 'Gofala di,' rhybuddiai Nain, 'beidio neidio o le da i le sâl . . . Nid wyf yn meddwl bod y chwarelwrs yn betha hawdd byw efo nhw!' Beth fyddai Yncl Barrow yn ei feddwl o'r sylw yna, tybed? Gan mai Methodus oedd Yncl Barrow, nid i'w gapel o y byddai'r Annibynnwr wedi'i alw, sut bynnag, ond dwi'n siŵr y byddai Anti Meri wedi croesawu'r brawd bach i fyw'n nes ati. Ond aros yn y Sowth a wnaeth Nhad.

Mae'n bosib y gallai Anti Meri fod wedi rhag-weld mai dyna a wnâi oherwydd y ddawn ryfedd oedd ganddi i ddarllen ffortiwn pobl mewn dail te. Nid pacedi te mewn cwpan fyddai 'na bryd hynny, wrth gwrs, ond te rhydd mewn tebot. Camp Anti Meri oedd troi a throi yn araf yr hyn fyddai'n weddill o gwpaned ac arllwys rhywfaint o'r cynnwys i'r soser. Edrych wedyn ar y patrymau o ddail te oedd wedi glynu wrth ymylon y cwpan. O'r hyn a welai yno gallai Anti Meri ddarllen pethau rhyfedd ac ofnadwy amdanoch o'ch gorffennol, yn ogystal â dweud beth oedd yn debyg o ddigwydd yn y dyfodol.

Dwi'n ei chofio hi'n darllen fy ffortiwn i. 'Stedda di fama, ngwas i, ac mi ddeda i dy ffortiwn di.' Fe ddwedai, yn berffaith gywir, mod i wedi bod am dro trwy'r dre a mod i wedi gweld dynion ar lawnt yn chwarae bowls. A mynd yn ei blaen, '. . . ac rwyt ti am fynd nos yfory i weld ffilm gowbois yn y Forum.' Trwy ymarfer doethineb drannoeth, doedd dim angen dail te i ddatgelu pethau felly! Gwrando'n astud oedd y gyfrinach. Ond fe gofia i'r stori am ddyn cwbl ddiarth i Anti Meri yn mynd i'r tŷ i gael 'deud ei ffortiwn', ac fe ddychrynodd y dyn hwnnw gymaint ei bod hi'n gweld cymaint o'i orffennol yn nail y cwpan fel y diflannodd o trwy'r drws mewn braw.

Tybed o ble daeth y ddawn hon iddi? A thros y blynyddoedd, pa ddefnydd a wnaeth hi o'r gallu i rag-weld? Fe wyddai hi fod rhywbeth mawr o'i le ar ei hiechyd. Wedi mynd i'r feddygfa ('syrjeri' ddwedai hi), cafodd wybod nad oedd ganddi ond wythnosau'n weddill. Penderfynu ymladd yr aflwydd wnaeth hi ond wedi ymdrech ddewr daeth diwedd y daith 'mhen llai na hanner blwyddyn.

Fe griais i eto pan glywais i fod Anti Meri Stiniog wedi marw. Ac fe griodd gweddill y teulu y tro yma hefyd.

Dim ond o drwch blewyn . . .

Cathryn Gwynn

Unig blentyn yw mam. Un brawd dibriod sy gan Dad. Dim modryb i fi, felly, wrth dyfu. Neb i fod fel 'mam arall' – yn ddigon gwahanol i fy mam fy hun i fod yn fwy o chwaer hŷn (ac eto'n ddigon tebyg i Mam i fi allu teimlo ar dir diogel), neu'n fersiwn lled gyfarwydd, fenywaidd o Dad.

Wrth gwrs, yn ystod fy mhlentyndod roedd yna hen fodrybedd hwnt ac yma'n llechu mewn tai yn llawn dodrefn henffasiwn a llieiniau bwrdd gwyn a chlocie'n tician. Menywod, efallai, oedd yn gyfnitherod hŷn, neu'r 'once removed' oedd yn swnio'n beth od ofnadwy – fel rhyw ddarn ar fwrdd gwyddbwyll yn cael ei symud gan law fawr anweledig. Weithiau mi fydden ni'n ymweld â nhw yn ystod ein gwyliau haf neu ar bnawniau Sul. Ymweliadau bach ffurfiol, cusanau ta-ta ar fochau papur powdrog, ar ôl hydoedd o wrando ar oedolion yn trafod teulu a chysylltiadau nad oedd yn gyfarwydd i ni.

Roedd hi'n anodd osgoi'r ffaith fod ein coeden deulu ni'n edrych fel rhyw driongl llydan oedd yn sydyn yn cyrraedd pwynt bach, bach gyda Mam a Dad. Rheseidiau o frodyr a chwiorydd teuluoedd mawr y cenedlaethau gynt yn crebachu'n nesa peth i ddim, fel petai pob cenhedlaeth yn ei thro wedi penderfynu nad oedd bod yn un o deulu mawr yn llawer o hwyl, ac y byddai nythaid fechan yn brafiach profiad o lawer. Pwy a ŵyr nad oedd iechyd gwan neu gyni ariannol hefyd yn ffactorau yn eu penderfyniad – ond chawn ni fyth wybod y straeon hynny mwyach, mwya'r piti.

Felly, un ferch i Mam-gu a Tad-cu yn Abergwaun; dau fab i Nain a Taid yng Nghorwen; un briodas, a honno yn 1959. Nawr, roedd pennod newydd yn agor yn y stori deuluol.

Yn 1960 y dechreuodd hi, pryd y ganed fi, yr hynaf o dri o blant. Yna, yn ystod y blynyddoedd wedyn, geni fy chwaer, Elinor, a mrawd, Rhys – a dyma'r triongl yn lledu unwaith eto.

Roeddem yn uned deuluol agos a chynnes. Roeddem hefyd yn uned fach iawn, heb na chefnder na chyfnither i rannu atgofion am Nadoligau a gwyliau hir yr haf – a diffygion honedig ein rhieni, wrth gwrs. Bellach, mae gan y tri ohonom ni deuluoedd ein hunain a nifer yr wyrion a'r wyresau sy gan Mam a Dad yn chwech, ac wrth i fi roi pìn ar bapur i sgrifennu hwn daeth y newyddion bod y gorwyr cyntaf ar y ffordd – plentyn cyntaf fy mab cyntaf inne. Bydd Heledd, fy merch, yn cael y pleser, felly, o fod yn fodryb a hithau'n fyfyrwraig ugain oed, tra bu'n rhaid i fi aros nes o'n i'n dri deg pedair i gael cipolwg ar fy nai cyntaf a gwisgo'r bathodyn 'Modryb' â balchder. Nid mod i wedi arddel yr enw fel teitl erioed – mae Cath yn gwneud y tro yn iawn i fi! Petai unrhyw un yn fy ngalw'n 'Modryb Cathryn' byddwn yn teimlo'r rheidrwydd i bowdro fy nhrwyn a gwisgo *eau de Cologne* a chamu 'nôl rhwng cloriau rhyw lyfr plant o'r pumdegau.

Beth bynnag, 'nôl at ddod yn fodryb. Diwrnod pen-
blwydd fy nhad oedd hi – Mehefin y 7fed, 1995. Ro'n i'n
byw yn Llandysul, yn fam brysur i Owain, Meilyr a
Heledd. Dyma gael y neges fod babi fy chwaer wedi
cyrraedd yn Ysbyty Bronglais. Troed ar y sbardun, felly,
i gyrraedd cyn diwedd y cyfnod ymweld. Yno roedd
Elinor, yn llwyd a gwan ar ôl y cyfan – ac yn y crud
tryloyw, mab bach perffaith. Nawr, doedd fy chwaer
ddim yn berson greddfol famol yn yr un ffordd â fi (dyna
fu ei honiad erioed, beth bynnag; dwi ddim mor siŵr
erbyn hyn). A dweud y gwir, do'n i ddim wedi meddwl
y byddwn i byth yn fodryb i'w phlant hi, cymaint oedd
ei hargyhoeddiad wrth i ni dyfu nad oedd lle i blentyn
yng nghynlluniau ei dyfodol. Ond rywsut mae pethau'n
newid ar ein gwaetha, a dyna ni i gyd felly yn y ward yn
croesawu i'r teulu yr 'one-off', yr etifedd annisgwyl.

Doedd yna ddim ffws o gwmpas y gwely, dim ond
eistedd 'nôl yn gwylio'r peth bach yma'n gorwedd yn
dawel, a thrafod ai Steffan neu Ynyr fyddai'n ei siwtio
orau am weddill ei fywyd – a pha enw fyddai'n creu'r
lleia o drafferth i deulu ei dad, Richard, ei ynganu.
Steffan, felly. Ac o'r dechrau cynta, bu'n rhaid iddo
sylweddoli bod disgwyl iddo fod yn amyneddgar,
byhafio (cystal ag y gallai), aros ei dro, a ffitio i mewn
o gwmpas gwaith llawn ei rieni, y garddio, y cŵn,
ymarferion côr, gwaith llaw a cherdded mynyddoedd.

Mae Steffan bron yn ddwy ar bymtheg bellach, ac
wedi ymateb i'r her yn wych. Hyd y gwela i, mae ei
fagwraeth ddiddorol a hwyliog wedi magu nodweddion
arbennig ynddo. Pan fydda i'n edrych arno a'i ben mewn
llyfr heriol, yn amsugno hanes a llenyddiaeth, rwy'n

llawn balchder ohono er nad fi sydd wedi plannu hynny ynddo. Pan fydd yn dod i ddangos rhyw waith celf sydd wedi bod ar y gweill – rhyw gartŵn neu animeiddiad – mi fydda i'n rhyfeddu at ei ddyfeisgarwch creadigol. A phan mae'n setlo lawr yn gysurus yn tŷ ni, ar ôl ymlwybro ar y bws o Fangor i Aberteifi, rwy'n teimlo'n braf ei fod mor gartrefol yma ac wrth fy modd yn ei glywed yn gwneud paned iddo'i hunan, fel petai e adre.

Steffan a fi

Rwy'n edrych arno'n tyfu i fod yn ddyn ifanc tal, golygus a deallus, ac yn meddwl i fi fy hunan pa mor lwcus ydw i i fod yn fodryb i greadur fel hwn, a thybed beth ddaw ohono. Mae e fel fy mhedwerydd plentyn, yn rhyw debyg o ran pryd a gwedd i fy meibion inne mewn nifer o ffyrdd, ac yn rhannu eu hasbri at fywyd. Mae e'n bennaf ffrind i fy merch – a does dim byd gwell na gwrando ar eu hiwmor a'u chwerthin wrth iddyn nhw roi'r byd yn ei le yn y lolfa pan fydd e wedi dod i aros. Ac er mor debyg yw e i'w dad mewn cynifer o ffyrdd, ynddo hefyd rwy'n gweld fy chwaer, ac mewn ambell ffotograff sy'n britho'n cartrefi, rwy'n cael fy atgoffa'n llwyr o ddireidi ei chymeriad hithe'n disgleirio yn ei lygaid a'i wên barod. Mae bod yn fodryb yn golygu teimlo'r gorffennol a'r presennol yn cywasgu, a fy lwc i yw mai pethau braf ac nid rhai trist sy'n cael eu hasio felly yn ein teulu ni.

Mae'r ffotograffau'n adrodd cyfrolau. Yr hafau ar draethau sir Benfro, a fy neiaint ifanc yn hongian o gwmpas gwasg fy mab hynaf, yn llawn edmygedd o'u cefnder cryf. Cofio tynnu'r llun a theimlo'n hapus fod bywyd fy chwaer a mrawd a finne'n plethu ynghyd fel hyn, yn sail i ddyfodol na allwn ni fyth mo'i ddychmygu. Ac yna'r chwech ohonyn nhw'n gwisgo hetiau dwl ac yn gorweddian dros ei gilydd ar soffa adeg rhyw Nadolig neu wylie, yn wên i gyd, a finne'n cofio bod tu ôl i'r camera'n eu swcro i daro rhyw ystum a chostrelu'r ynni a'r agostarwydd am byth. Ac wedyn gwersylla yng nghyffinie Crughywel, mewn llecyn godidog – tair pabell fach a thair uned deuluol, ond pawb yn un garfan o agostarwydd yn rhannu jôcs, gwin, bwyd a blancedi. Dwi'n dueddol o fod fel rhyw hen iâr o fodryb ar achlysuron fel hyn, yn ffysian wrth drefnu pethe – ond fy esgus yw mai dyna beth yw bod yn blentyn hynaf mewn teulu. Dyddie da.

Felly, mae'n amser cyfeirio at y ddau fach arall sy'n rhan o'r darlun. Daeth Gruff a Gwenllian i'r byd yn Nolgellau – plant fy mrawd. Babanod euraid. Dyna yw fy atgof cyntaf i ohonyn nhw – eu gwallt yn sidanwe ddisglair a rhyw gynhesrwydd yn lliw eu croen. A dyna fy nghof o Rhys, fy mrawd, yn blentyn hefyd. Roedd ganddo fop o wallt cyrliog, golau a chroen oedd yn dal lliw haul, fel ei fod yn ymddangos fel rhyw geriwb bach annwyl (mae'n siŵr bod y cof yn chwarae rhyw dric â fi fan hyn!). Pa syndod, felly, fod Gruff wedi tyfu'n fachgen ifanc â chnwd o wallt eurgoch crin, gwên lydan a hoffter deallus at fyd natur ac at eiriau. Rwy'n edrych a gwrando arno, ac mae fy mrawd – person hwyliog ond tawel a phwyllog, un annibynnol ond yn gwmni da – yn ymrithio o flaen fy llygaid. Ac os oedd Rhys fel rhyw geriwb, mae Gwen fel angel – llygaid mawr a gwallt hir aur, yn fach a chain ei golwg. Yr ifancaf yn y teulu yw hi, bron ar goll weithie yng nghanol y bwrlwm enfawr a'r holl gyrff mawr tal. Mae hi wrth ei bodd, dwi'n gwbod – ond fy ngreddf fel modryb yw bod eisiau ei magu a chydio'n dynn ynddi i ddal gafael ar y blynyddoedd olaf hyn o blentyndod.

Mae sefyllfa deuluol fy mrawd yn wahanol i un fy chwaer, ac mae hyn wedi gwneud rhyw damed o wahaniaeth i fi fel modryb, dwi'n meddwl. Mae mab fy chwaer wedi tyfu ar aelwyd gartrefol yng nghwmni ei dad a'i fam. Mae yna lawer y galla i ei gymryd yn ganiataol yn hynny, ac mae'n hawdd ymdeimlo â chyd-destun ei fywyd a siarad am bopeth dan haul. Mae aelwyd fy mrawd wedi'i chwalu gan dor-priodas anodd; mae ei fywyd yntau wedi troi'n frwydr i gynnal ei berthynas annwyl a thadol â'i blant, ac i gadw'r man lle cawson nhw eu magu am flynyddoedd yn gartref go iawn iddyn nhw. Does gen i ddim o'r syniad lleiaf beth yw natur bywyd ei blant gyda'u mam mwyach, na sut brofiad iddyn nhw yw bod yn rhan o'i theulu estynedig hi mewn bro sy'n ddierth iawn i fi. Maen nhw'n byw dau fywyd, a dim ond o fewn un o'r bywydau hynny y mae gen i rôl i'w chwarae – profiad cyffredin mewn cymdeithas erbyn hyn, wrth gwrs – ond un sy'n golygu troedio'n wahanol.

Mae wastad yn hwyl enfawr eu gweld, a'u teimlo'n dadmer yn araf bach i'n cwmni ni ar ôl bwlch o beth amser bob tro – ond rwy'n teimlo rhyw gyfrifoldeb arall tuag atyn nhw hefyd. Mae'n anodd ei esbonio. Rwy am gynnig iddyn nhw aelwyd ddiffwdan a chariadus ein cartre ni. Rwy am i'r drws agored wastad ddweud – 'Er bod eich bywyd teuluol yn rhanedig ac weithie'n lletchwith, cofiwch fod fan hyn yn rhywle y gallwch gymryd eich lle bob amser fel aelodau pwysig yn ein teulu estynedig ni. Setlwch lawr fan hyn ac anghofiwch bethe, a phrofwch yr hwyl o fod gyda'ch cefnderwyr a'ch cyfnither. Nawr, beth gewn ni i swper?' Neu rywbeth o'r fath. Mae bod yn fodryb yn golygu cynnig amgylchedd rhwydd – yn ogystal â gweitho *pizza* neu dost neu sglods i hwyluso'r achlysur.

Pan ddôn nhw i'n tŷ ni, mae'n demtasiwn gwneud pob ymweliad bron fel rhyw fath o barti, cymaint yw fy nyhead i blannu ynddyn nhw'r teimlad eu bod yn werthfawr i ni. Ond mae'n rhaid ymatal. Nid parti sydd ei angen ond rhyw normalrwydd dydd i ddydd, sy'n cyfleu – 'Hei, chi 'ma! Grêt. Help llaw gyda'r job 'ma, plis.' A thrwy hynny greu atgofion braf o sgwrsio a chydweithio a chyfrannu. Felly, mae'r offer garddio a'r strimiwr yn dod allan ac mae Gruff allan yn yr ardd yn helpu i roi trefn ar y tyfiant – mae ei dad wedi'i hyfforddi'n dda. Ac mae Gwen yn didoli blerwch y bocsys crefft yn drefnus ac wrth ei bodd yn arlwyo'r ford i bawb. Pawb â'i dalent – mae mor braf gweld yr amrywiaeth.

Beth sy'n grêt nawr am fod yn fodryb yw ystod oedran y plant. Does gen i fy hunan ddim plentyn yn ei arddegau mwyach. Ond dwi'n fodryb i dri sydd yng nghanol y bwrlwm yna i gyd. Dwi wedi bod drwyddi ac wedi gwneud fy nyletswydd fel mam – gobeithio – ond nawr gallaf wrando ar Steff a Gruff a Gwenllian gan wybod nad fy mhroblem i yw sicrhau eu siwrne ddiogel trwy'r cyfnod yma, ond bod yn glust i wrando ar eu straeon heb bregethu. Y fath ryddhad!

Wnes i erioed ystyried o ddifri sut beth yw bod yn fodryb. Mae'n digwydd; mae'n tyfu'n raddol dros y blynyddoedd. Ar y dechrau, ro'n i siŵr o fod yn gweld fy hunan fel pâr o ddwylo dibynadwy arall i fagu ac ysgwyddo ychydig oriau o ofalu, yn chwilio'n gyson am dystiolaeth o ddolennau teuluol mewn osgo a thro wyneb. Wedyn, dod yn rhan o'r 'dodrefn' teuluol ym meddylie'r plant – presenoldeb adeg gwylie neu Steddfod, sgwrs pen arall y ffôn, prynwr presante a hufen iâ. Erbyn hyn, a phawb yn hŷn a'r nyth yn gwacáu, rwy'n sylweddoli fy mod yn mynd yn aelod o'r genhedlaeth nesa, ac yn edrych ymlaen at droi yn ffrind anfeirniadol, i rannu cyngherddau a dramâu, sgwrs dros beint a phryd o fwyd.

Mi fydden i wedi hoffi cael modryb. Rhywun y gallen i fod wedi mynd ati i aros ar wylie neu fynd i ffwrdd am benwythnos a chael amsere da. Byddwn wedi cael clywed straeon am Mam a Dad o lygad y ffynnon, a chael teimlo'r hwyl o hel clecs am fy rhieni – ond mewn ffordd neis. Yn nychymyg fy arddegau, byddai'r straeon hyn yn eu dangos nhw mewn goleuni gwahanol, mwy dealladwy a gwrthrychol. O mor braf fyddai clywed rhywun yn dweud – 'Paid â phoeni os yw Mam/Dad yn . . . (beth bynnag fyddai'r bai yn fy llygaid i ar y pryd hwnnw). Mae bob amser wedi bod yn . . . ond . . .' Ac fe fyddai'r esboniad yn dod o hir adnabyddiaeth a chariad ac yn cynnig golwg newydd ar bethau. Byddai'r fodryb yma wastad yn groesawgar, yn fy neall yn dda, ac yn fwy 'diddorol' na Mam a Dad, wrth gwrs. Byddai wedi teithio dramor gyda fi a fy nghyflwyno i bethe gwahanol y tu allan i ffinie fy mhrofiad. Byddai'n *confidante* perffaith, yn rhywun y gallwn siarad â hi am boendodau bywyd heb ofni y byddai fy sylwadau yn cael eu hedliw i mi am byth.

Ond doedd hi ddim yno. Felly does gen i ddim esiampl i'w dilyn, dim ond rhyw fwrw ymlaen gan obeithio'r gorau. Os bydd Steffan, Gruff a Gwenllian yn teimlo bod tŷ ni yn dŷ iddyn nhw hefyd, ac mai dim ond rhyw drwch blewyn (os hynny) sy'n eu gwahanu oddi wrth fy mhlant fy hunan yng ngraddfa fy nghonsýrn amdanyn nhw a niddordeb llwyr ynddyn nhw fel pobol – yna mi fydda i'n fodryb fodlon iawn.

Anti Alwen

Efa Siôr Bowen

(Blwyddyn 6, Ysgol Eglwyswrw, sir Benfro)

Mae fy Anti Alwen yn byw ger Meidrim ar fferm o'r enw Maes yr Haf. Ei henw llawn yw Alwen Mererid Davies. Chwaer fy mam yw hi, ac enw'i mam (fy mam-gu) yw Nesta George. Enw'i thad (fy nhad-cu) oedd William George, neu Bill Maencoch i'w ffrindiau. Yn anffodus, bu farw Dad-cu Blaenffos pan oedd Anti Alwen yn un ar hugain oed.

Mae ganddi dri o blant: Llifon, bachgen oedd yn un ar bymtheg oed ar y nawfed o Hydref 2011; Mirain sy'n

120

ddeunaw, a Swyn sy'n ugain. Enw gŵr Anti Alwen yw Hywel Davies.

Athrawes Gymraeg mewn ysgol uwchradd yw hi, ac mae'n mynnu bod pawb yn siarad Cymraeg perffaith yn ei thŷ! Mae hi'n gefnogol ac yn weithgar, ac mae ei theulu a'i gwaith yn bwysig iawn iddi. Mae'n helpu ac yn cynnig cymorth i bawb o hyd. Bydd Gad, fy mrawd, a minnau'n aros gyda hi ar y fferm. Nid yw Gad yn hoffi aros o adre, ond mae e'n joio gyda Anti Alwen!

Mae hi'n garedig ac yn gwenu bob amser. Mae ganddi bersonoliaeth ddymunol ac mae ei llygaid yn disgleirio fel sêr. Mae'n fyrlymus ac yn llawn egni, ond mae hefyd yn drefnus ac mae rhestr hir ganddi yn ei phen o'r pethau sydd raid iddi eu gwneud. Mae ganddi ysgwyddau llydan a gwallt byr, taclus, brown fel siocled. Mae ganddi hefyd wyneb crwn ac mae ei bochau'n goch fel mefus ffres o'r ardd. Mae'n ddrygionus ac mae hi'n aml yn chwarae triciau a jôcs! Tipyn o haden yw Anti Alwen. Ei hoff ddywediad, yn enwedig pan mae'n pryfocio Gad, yw 'Hei! mwrc bach!'

Mae llais Anti Alwen yn uchel ac mae'n mynnu sylw. Er hynny, mae hi'n berson serchog, amyneddgar ac mae hi'n bwyllog ei natur. Rwy'n clywed ei geiriau, 'Sdim ishe gwylltu!' yn aml iawn pan fyddaf draw ar y fferm! Serch hynny, dyw Anti Alwen ddim yn ddiog o gwbl. Mae'n mynd i'r capel bob dydd Sul ac yn athrawes Ysgol Sul; mae'n chwarae'r organ yn y cwrdd ac mae hi'n barchus ac urddasol. Mae'n weithgar dros ben a bob amser yn brysur. Ar ben y cyfan mae'n dal i ffeindio amser i fomio lan yr M4 i weld ei merch Mirain, sydd newydd ddechrau ym Mhrifysgol Abertawe, gan alw yng

Nghaerfyrddin gyda Swyn ym Mhrifysgol y Drindod ar y ffordd adre.

Gwylio teledu yw ei diddordeb mwyaf pan fydd ganddi eiliad sbâr. Mae hi'n hoffi rhaglenni fel *Pobol y Cwm*, *Strictly Come Dancing*, yr *X Factor* ac, wrth gwrs, unrhyw ddrama ar S4C. Cas beth Anti Alwen yw siarad Saesneg!

Anti Alwen yw fy unig anti, er bod gennyf sawl hen fodryb. Mae hi'n difetha Gad a minnau'n rhacs jibidêrs! Does dim yn well ganddi na phrynu siocled a dillad inni, gan fod ei phlant hithau'n rhy hen iddi brynu dillad iddynt bellach. Mae'n rhoi hen ddillad ail-law Mirain a Swyn i mi, ac mae eu dillad nhw'n lliwgar a threndi. Mae Anti Alwen yn garedig iawn, ac mae ei chalon yn fwy na chalon eliffant!

Un tro aeth Anti Alwen, Wncwl Hywel, Llifon, Gad a mi lawr i draeth Saundersfoot. Aeth Gad, Llifon a minnau i'r traeth tra bod Anti Alwen ac Wncwl Hywel yn 'cerdded yn y dre'. Roedden ni i gyd yn amau eu bod yn prynu rhywbeth bach melys, a roedden ni'n iawn! Pan ddaethon ni lan o'r traeth yn dywod i gyd ac yn siarad fel pwll y môr, dangosodd Anti Alwen ac Wncwl Hywel fag o ddanteithion blasus inni. Losin a siocled, popcorn a *marshmallows*! Cafon ni lawer o hwyl yn bwyta a chwerthin. Dyma ni wedyn yn creu caneuon doniol yr holl ffordd adref yn y car!

Un o fy hoff bethau bob Nadolig yw ceisio dyfalu pa anrheg mae Anti Alwen wedi ei brynu i mi. Ei hanrhegion hi yw'r rhai mwyaf mewn maint a'r rhai mwyaf cyffrous bob blwyddyn! Un Nadolig cefais gadair ddesg binc, mewn bocs sgwâr enfawr, ar gyfer fy nesg newydd. Ar ôl agor y bocs a gweld y gadair, sylwodd fy nhad bod y gadair yn ddiffygiol! Dywedodd fy mam hynny wrth Anti Alwen. Pan ddaeth hi draw ar ddydd San Steffan, stryffaglodd drwy'r drws yn dal bocs enfawr arall. Rhedais draw ati â gwên lydan ar fy wyneb a rhwygo'r bocs ar agor. Cadair binc oedd yno, yr un fath yn union â'r llall. Nawr, dyna beth dwi'n galw'n ymdrech! Nid oedd Anti Alwen yn fodlon i mi gael fy siomi.

Dwi'n hoffi mynd i siopa gydag Anti Alwen. Rydyn ni'n mynd i Matalan ac i Debenhams yng Nghaerfyrddin yn aml iawn. Rydw i'n mynd draw ati i ymarfer piano yn aml hefyd. Mae hi bob tro yn barod i'm helpu, ac mae hi'n gwneud popeth yn ddiddorol trwy siarad a disgrifio.

Dwi'n hoff iawn o Anti Alwen, ac yn awr rydych chi'n gwybod pam. Mae hi'n fenyw unigryw, ac nid oes neb yr un fath â hi yn y byd i gyd.